图解
6S推进方法与技巧

AN ILLUSTRATED BOOK OF
6S IMPLEMENTING METHODS AND TECHNIQUES

张坚 著

企业管理出版社
EMPH
ENTERPRISE MANAGEMENT PUBLISHING HOUSE

图书在版编目（CIP）数据

图解6S推进方法与技巧 / 张坚著 . —北京：企业管理出版社，2021.5
ISBN 978-7-5164-2386-8
Ⅰ . ①图…　Ⅱ . ①张…　Ⅲ . ①企业管理—图解　Ⅳ . ① F272-64
中国版本图书馆CIP数据核字(2021)第073676号

书　　名：图解6S推进方法与技巧
作　　者：张　坚
责任编辑：尚元经　郑小希
书　　号：ISBN 978-7-5164-2386-8
出版发行：企业管理出版社
地　　址：北京市海淀区紫竹院南路17号　　邮编：100048
网　　址：http：//www.emph.cn
电　　话：编辑部（010）68414643　发行部（010）68701816
电子信箱：qiguan1961@163.com
印　　刷：北京明恒达印务有限公司
经　　销：新华书店
规　　格：160毫米×235毫米　16开本　13.5印张　162千字
版　　次：2021年7月第1版　2021年7月第1次印刷
定　　价：68.00元

前 言

6S是一个重要的管理工具。

格力前董事长朱江洪先生将企业管理总结为："及时发现问题，及时解决问题。"解决问题时有一个常被忽略的方法，即基础法。基础做好了，很多问题将不复存在，这好比练武的人得练好基本功。一个坚持长跑的人，身体素质上去了，就很少感冒。

做好基础工作，相当于提升了企业的"体质"。6S即为企业管理中最为基础性的工作，正如书中提到的，6S可以解决现场的十大问题，对企业与员工都有显而易见的价值。做好了6S管理工作，质量管理或精益管理的推进将事半功倍，因为基础已经构建好。

这种基础体现在：现场干净整洁、安全高效，人员养成了细节管理、精益求精的工作意识，并且企业内部弥漫着浓郁的改善型文化。这是企业提升管理与效率的源泉与动力。

6S是精益管理的试金石。

很多企业追求精益管理，但多着迷于"假大空""玄而又玄"的概念，摒弃了本已经具有的务实文化，这样的所谓"精益管理"

如空中楼阁，看似好看，实则无用。6S作为精益管理的基础，起着“试金石”的作用，若6S都做不好，却口口声声精益，只能是自欺欺人。若将6S做好了，继续深化与拓展，就是精益管理。套用鲁迅先生的一句“世上本没有路，走的人多了，也便形成了路”来讲述精益管理，就是“企业本没有精益，参与改善的多了，便形成了精益”。6S做得好，就疏通了“全员参与改善”的通道。

现场是管理者的一面镜子。

当我们走进一家企业，看到现场混乱不堪，员工士气不振，毫无疑问，我们第一时间想到的是，这家企业管理不怎么样，管理者水平及意识不够。哪怕不与企业的管理者接触，在现场站上个五分钟，跟员工或班组长聊一会儿，基本就能看到现场背后的“管理者的样貌”，他们是否认真，是否足够重视产品生产，是否带动了员工参与改善，这面镜子将他们照得清清楚楚，瞬间扯下了他们的遮羞布。如果现场条理井然、亮点纷呈，则让人们对其管理者肃然起敬。

6S管理从日本传播到世界各国后，存在着两个基本问题，一是仅仅将之当作使现场变“干净漂亮”的工具，不知道其实还存在着“6S对人的提升以及改善文化塑造”这么一个“金矿”，这个“金矿”被弃之不顾，实在令人大为痛惜。二是推进不得法，凭着粗浅的认知以及一股热情往前冲，遇到一定的问题后，粗浅认知不够用了，热情也早已说了拜拜不知去了哪儿，所谓的推进到此偃旗息鼓，现场只留下落满灰尘的制度、放置于角落的6S宣传看板以及员工对6S依旧懵懵懂懂的眼神，仿佛述说着一段激情燃烧又冲突重重的往事。

事实上，这两个问题存在一定的关联性。如果人员一直抱着观望、消极的态度，企业内缺少改善的氛围与文化，那么6S活动就难以持久。换言之，6S“金矿”或多或少有所收效，作为能量驱动剂，其活动才能持久长效。

反过来，6S活动走在了正路上，既培育了人才，又塑造了改善文化，这意味着企业正在为自身的长久发展构建一座“金矿”。

佛曰，种如是因，收如是果。如此而已。

目 录

第一章

6S基础知识

第一节　什么是6S管理

1．6S概念及来历

什么是6S

一种使工作现场变得有序清爽、安全高效，并且可以在一定程度上提升人的素养及塑造改善文化的管理工具。

6S源自日本，在日本称为5S管理，国内不少企业出于对安全的重视及强调，加上了第六个S，即“安全”。大体上5S与6S管理是同一个意思，因为5S也能起到安全管控的作用。

6S中前5S的日本语罗马拼音都以S开头，而安全的英文为Safety，因此称为6S管理。6S的基本含义如下。

6S的基本含义

6S	整理（Seiri）	区分要与不要，并对不要品进行处置
	整顿（Seiton）	对必要品分区分类放置，并标识
	清扫（Seiso）	对环境清扫，并对问题点检
	清洁（Seiketsu）	制定必要制度规范，使前3S保持
	素养（Shitsuke）	长期践行前4S，养成习惯
	安全（Safety）	识别危险源并予以管控

为表述简便，下面将源自日本的5S统一称为6S。

6S最初源自于日本政府颁发给日本家庭用于整理物品的小册子，由于比较有效，被导入企业管理之中。企业的情况比较复杂，这个过程中，日本企业界参考了来自美国的一项叫做“TWI”的管理技术。

TWI是“Training Within Industry”的缩写，“在行业内进行培训”的意思，现在通常叫做“一线管理者训练技术”，这项技术在二战时期被开发出来，旨在对现场人员进行培训，以提升生产效率，快速供应武器物资到战争前方。

这项技术包括三个模块，分别是工作教导（如何教会新员工作业手法）、工作关系（如何处理与下属的工作关系）及工作改善（如何对作业进行改善）。

在“工作改善”模块中，有关于检查现场物品如何摆放的内容，这些内容对6S管理的完善起到了促进作用。

6S的来历

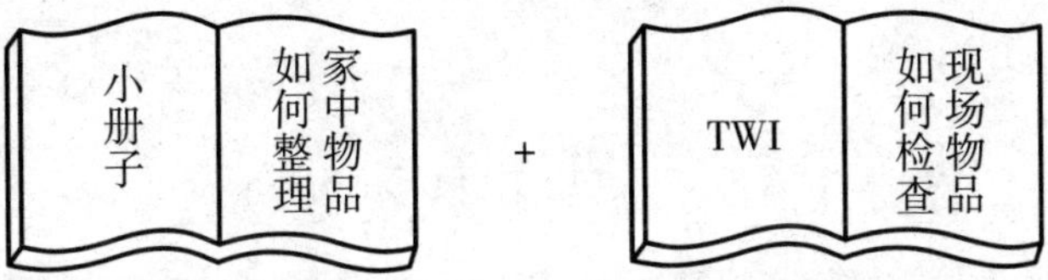

6S起源于日本家庭整理物品小册子，发展过程参考了TWI内容。

6S对日本后来诞生全面质量管理、精益生产等管理方式起到了奠基性作用。

精益生产方式创立者，原丰田公司副社长大野耐一说，早先的日本产品在国际上以粗糙低劣著称，6S理论以及其他管理方式的诞生，使得日本产品一跃成为“高雅精致”的代名词。

如今，6S在各行各业都有运用，不仅工厂，餐饮业、宾馆、办公大楼、工业园、机场火车站都在运用6S管理方法，人们对其效果非常认可。

有一次，我去路边小餐馆吃饭，餐馆仅约30平方米，柱子上墙壁上贴着六张6S招贴画（一个S一张），上面有每个S的含义及基本要求。看着这么一家普普通通不起眼的小餐馆也有6S意识，作为6S讲师的我顿时产生了一种感动。

事实上，好的企业都经历过6S管理的“打磨”，从已公开的资料来看，格力公司一直对6S管理有非常严格的要求，内部有一整套6S标准以及检查制度。有一次，一名老员工没按规定路线行走，被董明珠毫不留情地开除。

海尔公司是国内最早导入6S管理的企业之一，并从丰田公司的做法中得到启迪，创立了“6S大脚印”的管理方法，在车间地面上画有两只脚印，工作中犯错的员工需站在上面反省，而做得好的员工则站在上面分享自己的心得。6S大脚印这个方法提升了员工从细节做起、时刻反省、不断进步的思想意识。

2. 为什么要推进6S管理

6S管理没有特别复杂的理论，它是一个简单且基础的工具。古人说“一屋不扫何以扫天下”，基础不能做好，推进其他所谓“高阶管理”只能是“水中月，镜中花”，可望而不可即。

简单基础的管理工具

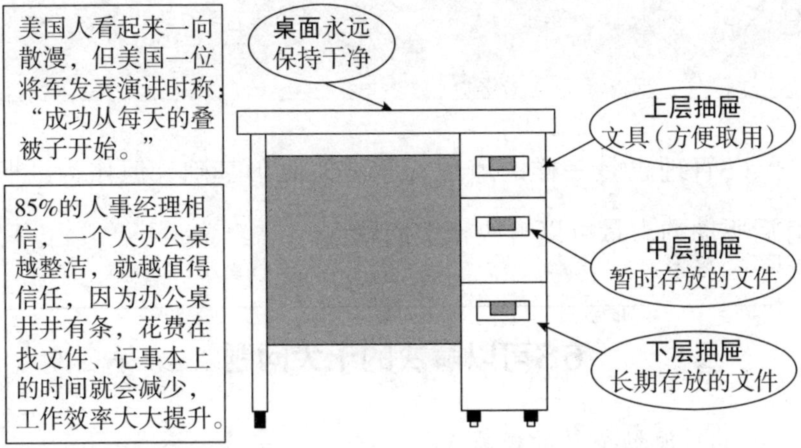

6S管理是一股背后驱动的力量。一个小和尚吃了六个包子，饱了，说道，早知道只吃第六个包子了。师傅对他说，不吃前面的五个包子，怎么可能会饱呢？6S管理相当于“小和尚一开始吃的两三个包子”，没有前面的“驱动”，无法达成“饱”的状态。

老板给自己的服装店招了一名营业员。营业员也想出业绩，顾客进店试衣服，试的次数多了之后没买，营业员脸色就不太自然。老板观察到这一情况，跟营业员讲，改变一下考核指标，不再考核每天卖出去的衣服，而是考核顾客试衣服的次数。这样一来，顾客试再多次衣服，营业员依然提供热情周到的服务，服装店的生意反而比之前好了许多。“试衣服次数”的考核，就是一股背后驱动的力量。

6S管理也是一样的道理，它看似简单基础，但作为一股背后驱动的力量可以解决很多问题。

6S可以解决的十大问题

① 现场杂乱的现象；

② 现场安全的隐患；

③ 令人不爽的工作环境；

④ 寻找物品效率低下；

⑤ 误用误拿物品；

⑥ 设备微缺陷无人察觉；

⑦ 职责缺乏明确定义；

⑧ 员工缺少了解信息的渠道（可视化）；

⑨ 缺少职场相互关心的温暖（职场礼仪）；

⑩ 缺乏蒸蒸日上的团队士气。

对企业而言，6S管理具有四项价值：①塑造对内适宜的工作环境；②构建对外良好的企业形象；③提升员工素养及培养团队；④打造良好的精益管理基础。

笔者在飞利浦工厂工作时，跟生产线员工聊到为什么选择这家企业工作，得到的回答是："因为工厂环境好。"可见良好环境对员工具有吸引力。

企业推进6S管理，还需要明确对员工的好处，只有这样，员工才会有动力参与其中。6S管理对员工而言，有以下四点好处。

①6S塑造了安全、人性化的工作环境。

②6S构建了更加顺畅便利的沟通平台。6S中的可视化、制度明确化、提倡上下级良好工作关系，使得以往信息不透明、沟通不顺畅、员工意见得不到重视的状况大为改观。

③让员工学习到6S的相关知识。由于6S管理的广泛运用性，6S知识在哪里都有用，有助于员工职业生涯的发展。

④提升个人职业素养。自律性以及良好的职业习惯，使员工在社会上更受欢迎。

一位网友在社交媒体上感慨："受公司6S活动的影响，我现在将屋子收拾得干干净净。"

3. 拿下0.5%利润点

大客户或深度合作客户会关注供应商的内部管理，现场6S常常是考察的一个重点。

某民企接待日本客户参观，客户进入车间后直奔厕所。当他看到厕所又脏又乱时，皱着眉头说：“这里这么脏，员工怎么可能做好产品呢？我给你们三个月时间整改，三个月后再来看，如果没有改变这种状况，我将重新考虑合作关系。”从这个事例可以看到，现场6S没做好，可能失去与客户的合作关系。

一些大客户制定了供应商6S稽核表（稽核是检查的意思），专门用于评估供应商的现场状况。一家客户审核完其供应商后，在以下项目上打了零分，理由如下。

①整理。现场有许多不需要的物品；私人物品随意摆放。

②整顿。大部分物品未定义相应的放置区域，没有可视化的最大最小存放量控制；一些文件被放在了设备顶部（按理，文件应放置在文件柜或办公桌台面上）。

③清扫。没有清扫标准的说明；油罐/机器脏，且机器有泄漏现象。

④清洁。没有清晰记录6S推进的过程及缺乏相应程序；看板信息未及时更新。

⑤素养。重复性的6S问题多；有员工并不了解6S；现场团队未能有效持续改进。

⑥安全。车间现场行车缺乏可视化的安全操作规范。

笔者之所以了解这个情况，是因为后来这家企业认为需要给员工做一次全员6S培训，我有幸被邀请担任培训老师。

6S管理不仅可以深化与客户合作关系，获得优质客户，而且它使企业有机会从客户那里直接获得0.5%的额外利润点。笔者有多年供应商评估与选择经历，对此深有感触。

客户选择供应商合作时，不仅关注产品报价，同时会考虑综合成本，包括合作态度、产品质量、现场管理等，因为这些关联到合作之后的维护成本，如某供应商报价虽低，但三天两头出问题，这就需要较高的维护成本，综合成本并不低。

如果现场6S令客户印象深刻，给到客户足够信心，那么，即使报价比竞争对手高0.5%，客户常常也会认可并接受。客户认为，细节上一丝不苟，员工工作认真，质量、交期会有保证，合作中不会出现各种麻烦事，维护成本低。这就是6S管理的“0.5%利润效应”。要知道，通过生产改善获得0.5%利润点相当辛苦，但做好6S管理，直接从客户那里获得这个0.5%的利润，这是一件多么美好的事情！

4. 理解6S其实很简单

6S来源于日本的5S管理，而5S起源于家庭整理物品的小册子，回到整理屋子的场景，则更容易理解前5S管理。

假定一个屋子很久没有收拾，堆满了乱七八糟的物品，好似新闻中报道的租别人房子退租时房间弄得乱糟糟的情景。

从哪里干起呢？得先把乱七八糟的东西清理一下，扔掉这些无用的东西。恭喜你，你已经着手第一个S的动作了。第一个S叫整理，就是区分要与不要，并对不要品进行处置。

忙碌一阵，屋子里没那么乱了。剩下的有用物品也不能乱放，锅碗瓢盆不能放客厅，得放厨房。于是，将物品一一归类摆放，有的放在房间，有的放在阳台，有的放在卫生间，屋内物品变得整齐有序。恭喜你，你已经着手第二个S的动作了：第二个S叫整顿，指分区分类放置物品。

接下来干什么呢？你爽气地回答：“打扫。”恭喜你，你顺利进入到了第三个S——清扫。需要注意一点的是，打扫过程中，你可能会发现衣柜抽屉坏了，卫生间灯泡坏了。清扫过程同时也是发现问题并予以解决的过程。

屋子被你打扫干净，你很有成就感。但仔细一想，不对，现在是干净了，可没准过几天又回到老样子了。于是，你对家庭成员说，我们排一个值日表，一方面，个人物品及时整理归位；另一方面，规定每天值日责任人。其实，这就是第四个S——清洁。清洁是为了保持清洁，从而制定相应制度与规范。

为了鼓励大家履行好自己的职责，你制定了一个打分表，统一标准，将打分结果公布出来。家庭会议上，每个人发表自己对职责的感受。一来二去，大家都养成了习惯。别人来做客，夸奖道：“你家收拾得好干净呀！”家庭成员从中收获了成就感。这就是素养，素养是指人们养成了良好习惯，能够自我激励与相互激励。

上述整个过程就是推进5S的过程，5S的基本原理就是如此。而我们所讲的6S，只是在5S基础加上了一个“安全”。

收拾屋子相对简单，企业中推进6S有一定复杂度，主要在于人的复杂性与物品的复杂性，这就需要更为深入地掌握每个S的知识以及推进的方法。

5. 6S管理的六个常识

①5S与6S到底哪个更厉害？

5S与6S只是称呼的不同，在日本（5S的起源地）只有5S的说法，传到中国后，为明确安全的重要性，加上了一个S——安全。5S与6S基本代表同一个意思。

没有必要去比较S的多少。有企业推进“16S”，基本只是数字的堆叠，有点“瞎搞”的意味。S不在于多，在于做精。

②办公室推进6S是否必要？

非常必要，任何区域都需要干净整洁、高效安全。同时，办公室办公的多为管理者或文职人员，他们本应起到带头作用，某些时候需要做在前面，起到示范作用。此外，办公室与生产现场一起推进6S管理，容易形成整体的氛围。

③6S是不是大扫除？

6S不是大扫除，或者说，大扫除只是其中极小的一部分。6S中的第三个S“清扫”，其含义不仅仅是大扫除，而是包含两层含义，一是对环境的清扫，另一层则是在清扫过程中发现问题并解决问题。

6S管理不仅改变环境，同时还旨在提升人的素养以及塑造企业的改善文化。

④6S是否有严格的顺序？

有一定的参照顺序。从5S来讲，应依照整理、整顿、清扫、清洁、素养的顺序。因来源于整理家庭物品的小册子，其最初设定场景为屋内混乱不堪，因此需要先进行整理，去除不要的物品，进而整顿，对必要品分区分类放置并标识，再进行清扫，而后订立规矩，从长期践行中养成习惯。第六个S安全是后来加上去的，有些企业也会将安全放置于素养之前。

⑤推进6S遭到员工反对怎么办？

推进6S活动的底层内涵为：尊重员工，培养员工。必须在推进6S过程中，让员工有所学，有所成长，有成就感。

⑥6S做到位会怎样？

6S到位会呈现条理井然（现场井然有序）、一目了然（物品分类及标识清晰）、自然而然（养成了6S的习惯）、生机盎然（员工有干劲、精神饱满）的情景。

AB工厂的对比

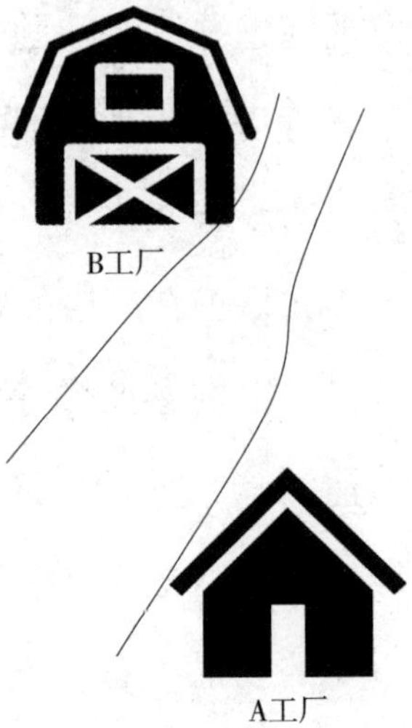

A工厂现场杂乱不堪，但是A工厂老板并没有改进的打算。这位老板想着挣到足够的钱，说不定哪天就关了工厂。至于员工在这么糟糕的环境中作业，他管不着。

B工厂现场同样杂乱不堪，B工厂老板决意改进。“这样的环境怎么让员工在其中作业呢？”“又怎能生产出好的产品？”在这种情况下，B工厂锐意推进6S管理，并取得了很大进展。

从A、B两家工厂的做法，可以体悟到推进6S的底层内涵：对员工的体贴与尊重。从这个底层内涵出发与推进，容易获得员工的认可。

第二节　每个S的解析

1.整理的知识

整理是6S的第一个S，整理指区分现场“要与不要”的物品，对不要品进行处置，使得现场清爽，空间有效利用。整理的最大价值为“腾出空间”。

> **整理：区分要与不要，并对不要品进行处置。**

开始6S工作之前，有一个注意点，即开展现状摄影工作，将当前的状态拍下来，以便于将后续的改进跟这个原始状态做对比。事实上，每个阶段（如每周或每月）都应该拍摄图片，记录改善的进展。有一个专有名词叫“定点摄影”，对着某一个地方拍摄，记录其变化，将不同阶段的改善展示出来，就叫“改善写真”。

笔者有一点经验，有时对着图片观看，还能发现在现场未发现的问题点，主要原因在于现场有噪音等干扰因素，而对着图片时，则排除了这些干扰，能从另一个角度发现问题点。

整理工作通常包括以下三个步骤。

整理实施三步骤

三个步骤：

- 明确基准：明确“要与不要”基准
- 区分要与不要：根据规则，区分要与不要的物品
- 处置不要品：将不要品清理出现场

通常可参考的“要与不要”的基准如下表。

属性	使用频度	处置（放置）方式	备注/举例
要的物品	每天	工作台上或工作台边	例：电脑、常用工具、正在加工的产品
	每周	现场指定区域/仓库	根据实际空间而定
	一个月或以上	仓库	用时申领
不要的物品	有价值	仓库放置或变卖	例：不再使用的模具
	无价值	变卖或废弃	例：废旧电脑、仪器

精益生产创立者大野耐一有一次走进车间，看到前道工序送过来的半成品在生产线旁堆积如山，勃然大怒，下令将这些半成品送回前道工序去，让前道工序也在堆得很高的半成品中作业，以示警诫，吸取教训。大野耐一想传达的意思是，生产只能依据指令，在需要的时间里生产需要的产品，而不要生产过多的暂时还用不上的产品。

小米公司创始人雷军在演讲中提及美国Costco（开市客）超市商业模式给了他很大启迪。Costco以低价著称，其超市商品有一个特征，即同一类型商品不会有很多品牌，每件商品都经过了严格筛选，很多商品只有一两种品牌，替客户节约下挑选的时间。这也说明，很多场景下“多不如少”，这正是整理的追求。

整理概念的延伸运用包括：

①流程的整理。是否有过于繁杂的规定，是否有不必要的审批？

②表格的整理。每个部门可梳理出最重要的三张表，以三张表为核心对其他表格展开整理工作。

③作业的整理。作业是否可以取消、合并、重排、简化？

整理的故事

宁波一家企业创立一段时间后，接到一些订单，亟须扩大产能，于是向银行申请贷款，却没有一家大银行愿意搭理，只有当

地的一家小银行答应到现场来看看。

这家小银行来现场观察后，很快发放了贷款，企业老板出于好奇，问：为什么？银行人员回答，你们现场管理不错，特别是自行车棚，摆放整齐划一，没有任何杂物。

企业老板哈哈一笑道："说明我们企业6S管理中的整理这项工作做得不错。"

由于获得贷款，这家企业迅猛发展起来。

2. 整顿的知识

通过整理，留下了必要品，那么怎么处理必要品呢？这就是整顿的工作，分区分类标识，物品三定放置，便于识别与查找。整顿中的标识不仅指物品类别或名称的标识，还包含了物品状态的标识，如合格品、不合格品，待检产品、已检验产品等。整顿的最大价值在于"腾出寻找物品的时间"。有一个常见说法，30秒内可以找到所需物品。

整顿：对必要品分区分类放置，并标识。

日产公司有一句名言：凡是能缩短0.6秒作业时间的改善，都值得管理层高度重视。工作效率提升正是由这样一个个微小的改善汇聚而成。华为公司提倡的“小改善，大奖励”，就是这个道理。有时，员工弄不清楚产品未检还是已检，找相关人员确认可能花数分钟，这是一种时间上的浪费。开会放映幻灯片，需要关闭幻灯片前的灯，对着开关一个个试过去才能找到对应的灯，这些都违背了“0.6秒”原则。如果有明确标识，员工一眼看清楚产品状态，或开关所对应灯的位置，可以节约不少时间。

整顿中对区域划线以区分区域，划线需要运用到颜色，不同颜色有不同的含义。每个企业可以对颜色运用做出自己的定义，但当中存在共性，即通常以安全色红黄蓝绿为基础。红色代表停止、禁止，黄色代表警告、注意，蓝色代表指令、遵守，绿色代表安全、信息，马路上红绿灯表达的正是这个意思。工作中，不合格品区一般为红色，合格品区为蓝色或绿色，待检区一般为黄色。

黄黑线，也称为虎纹线，也是现场常用的颜色，因其比较醒目，表示特别提醒以及防止磕碰的意思，因此凸起物一般用黄黑线标识。

现场划线的颜色还要遵守“对比色”原则，如地面已经很黑，用灰色线就无法看清楚，如果地面已经做了绿色油漆，再画绿色线，那就起不到任何效果。

车间中区域线以黄色线最为常见，这主要因为黄色是三原色（红黄蓝）之一，且明亮度最高，区域线内为各个作业功能区，黄色有一定警示含义，提醒其他人注意，不要擅入。

因此，现场划线颜色主要遵循两个原则，一是以“安全色红黄蓝绿”为基础，二是遵守“对比色”原则。企业进而可以对划线标准做出自身的规定。

经过划线与标识，现场发生了明显变化，并具有一定色彩感，因此整顿被视作可视化管理的起点。整顿的三个步骤如下。

整顿实施三步骤

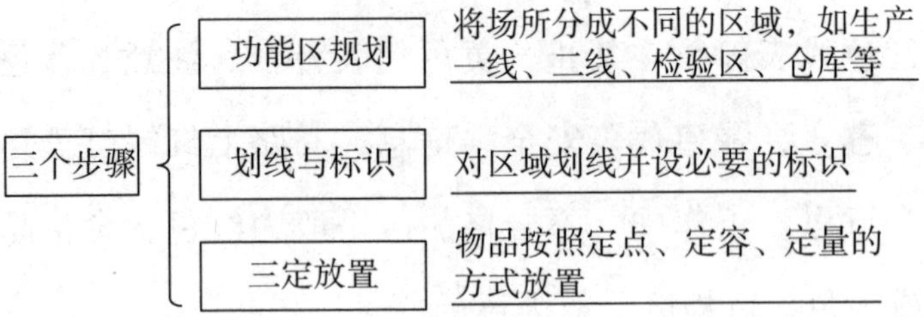

其中，三定放置中的“定点、定容、定量”，定点是指存放地点，定容是指用什么容器装，定量是指放多少。

整顿的一句名言

把所有的事物分层后再进行考虑。

——日本质量大师石川馨

注：整顿中对物品分区分类标识，相当于“分层”的思想。

整顿的故事

小女孩买了条裤子，一试太长。跟她的奶奶说剪短，奶奶说忙；跟妈妈说，妈妈也没空。

奶奶忙完家务，就将裤子剪短了一些；妈妈忙好自己的事情，想起裤子的事，又将裤子剪短了些。

小女孩第二天穿这条裤子时，发现反而太短了。

从6S角度讲，如果奶奶将小女孩的裤子剪短之后，做个标识或者将剪好的裤子放到衣柜中，就不会发生这令人哭笑不得的事情了。

3. 清扫的知识

清扫指清扫环境，保持环境整洁。清扫过程中，边边角角都需要清扫到，因此这是察觉设备设施的问题或微缺陷，并予以恢复的机会。微缺陷指暂时未对功能产生影响的缺陷，如生锈、螺丝松动、外壳破损等，但是，这些微缺陷积累得多了或存在时间长了，就会产生不良影响。

清扫：对环境清扫，并对问题点检。

6S清扫与我们日常讲的“清扫”有一定区别，它包含两层含义：①环境清扫；②对问题（微缺陷）的点检。

清扫实施三步骤

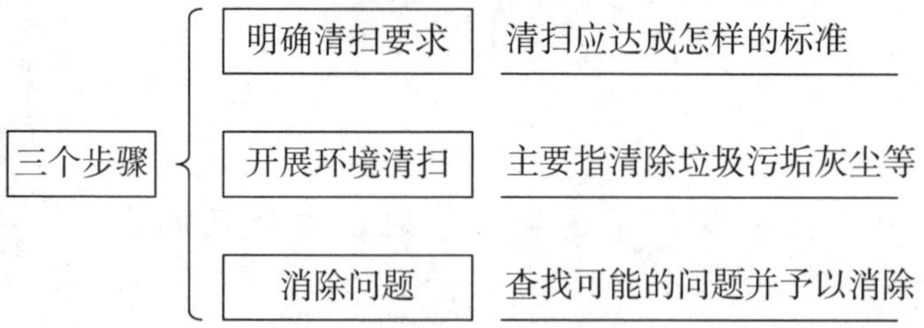

环境清扫中，不放过最高处与角落处，因为这两处地方最容易藏污纳垢，同时，清扫过程需注意安全。

清扫中有“三扫”的说法，分别指扫黑、扫漏、扫怪。扫黑即扫除垃圾脏污等，扫漏即扫除漏水漏电漏气等，扫怪指扫除怪异的声音、震动或气味等。扫黑是清扫环境，扫漏扫怪则是察觉设备设施的问题点并予以解决。

清扫中的三扫

三扫		
	扫黑	扫除垃圾、灰尘、粉尘、纸屑、蜘蛛网等
	扫漏	扫除漏水、漏电、漏气、遗漏材料等
	扫怪	扫除异常之声音、温度、震动等

为了更好地发现问题，鼓励在清扫活动运用好四个器官，分别是眼、鼻、耳、手。用眼睛观察有无泄漏等状况，用鼻子闻有无异常气味，用耳朵听有无异常声音，用手触摸有无异常震动等状况（用手触摸，仅限于专业人士进行）。

对于发现的问题，需予以解决，以恢复设备设施原有的面貌。

清扫的一句名言

清扫是为了恢复事物本来的面貌。

——一位日本企业家

清扫的故事

松下公司创立之初，年末工厂大扫除。松下幸之助先生走进车间时发现一个问题，没人去打扫车间的洗手间。

松下先生二话没说，自己拿起扫帚抹布走进洗手间打扫。

车间里的员工看到公司老板亲自跑到洗手间打扫，有点不好意思，纷纷拿起工具进洗手间一起打扫起来。

事后，松下幸之助说，为了带动员工，有时需要管理者亲自上阵，可以起到很好的示范作用。

清扫常常是管理者亲临现场，躬身垂范的机会。

4.清洁的知识

实施了前三个S，需要制定必要的制度与规范，来保持清洁的状态，否则取得的效果会“得而复失”。清洁在6S中是“保持清洁”的含义。

清洁：制定必要制度规范，使前3S保持。

清洁实施的三个步骤（也是三个要点）是明确职责、完善制度、实施稽核。明确职责即明确各个区域的责任人，完善制度指奖惩制度等，实施稽核则是开展检查的意思。

清洁实施三步骤

三个步骤		
	明确职责	明确各区域责任人及其相应职责
	完善制度	制定与完善制度规范
	实施稽核	实施检查并促进可视化开展

示例：某企业的车间管理规定

1. 遵守工厂安全准则及其他各项规定。

2. 车间内不得嬉闹打斗。

3. 车间内应穿工作服进行作业。

4. 员工应服从工作安排并完成当日生产任务。

5. 上班前5分钟到达工作岗位，做好上班准备工作。离开工作岗位时要报告主管。

6. 员工应按作业规范进行操作，不得擅自改变作业要求进行操作。

7. 员工发现车间内异常情况时，应及时报告主管。

8. 工作时间应专心工作，不做与工作无关的事。

9. 填写记录时，应认真填写，不得胡编乱造。

10. 不良品应放置于不良品区域并进行不良品的标识，以便于识别。

11. 产品搬运、拿放过程中，杜绝野蛮操作，防止损坏产品。

12. 下班前做好岗位的整理、整顿、清扫以及交接工作，方可下班。

13. 各级主管人员，不论何种理由，不得对下属进行辱骂。

14. 车间组织学习或推动改善活动时，员工应积极参加。

15. 每位员工有责任保持自身工作区域内干净、整齐、有序的状态。

清洁的一句名言

将清洁视作向他人表达善意与体贴的方式。

——新津春子

注：新津春子是获得日本国宝级匠人称号的一位机场清洁工。

清洁的故事

清洁指制定制度规范，促进良好状态的保持。如果制度规范不能执行，这些制度规范就不能发挥其价值。

空调曾在一段时间内特别畅销，特别是名牌空调，经销商难以保证足够货源。

有一位经销商脑袋比较“聪明”，找到了格力电器负责人董明珠的哥哥，想通过这层关系多进点空调卖。

董明珠哥哥满心以为，这是一件很简单的事情，自己也能借机赚到不少钱。

他的电话打给董明珠，谁知董明珠一口回绝。董明珠说，我自己定的规矩，如果我自己都不遵守，又怎能要求其他人严格遵守。

这个故事告诉我们，有规矩，领导者应当带头遵守，这样才能做到人人“守规矩”。

5. 素养的知识

一般而言，素养是长期实践的结果，即长期推进前4S而养成了自律的习惯。

素养：长期践行前4S，养成习惯。

习惯是一种由于潜意识产生的自然而然的反应。一位老师家访，自报家门“我叫金莲”，家长随即说道“潘老师请坐”。家长潜意识“将金莲当作了潘金莲”，而后产生了行为上的自然反应。

不好的习惯会带来不好的影响。一次歌手选秀节目中，选手歉意地表达自己得了重感冒，一个歌星评委立即说道：“那不用唱了，滚吧。”媒体曝光后引起轩然大波，从此这个歌星再也没有机会出现在公众视线中。我们每个人都需要注意自己的言行举止，养成自律的习惯。

素养中，有一个“三守”原则，即守时间、守纪律、守标准。守时间，指遵守工作时间、会议时间、样品递交时间等；守纪律，指遵守企业各项纪律要求；守标准，指遵守各项作业标准。

素养实施的三个步骤如下。

素养实施三步骤

三个步骤		
	长期实践	前4S的长期实践
	培养习惯	养成三守的习惯
	形成礼仪	形成良好的工作关系及礼仪

如何培养习惯？①一件事，长期做与督促。比如，每月月底大扫除，长期做，就会形成习惯，这一点需要管理者特别注意督促。②使人养成意识或产生乐趣，如果人们认可一件事，或者从活动中能够获得成就感，就容易坚持并养成习惯。③设立合理机制，这种机制可促进活动的长期实施。④任用认真负责的推进组织者，组织者的不断叮嘱与跟进，能使得事务良好地执行。

在素养推进的三个步骤中，第三个步骤为“形成礼仪”，即形成良好工作关系及礼仪。这里的工作关系，主要指上下级关系。上下级的相处分别有一些注意事项。

与上级相处有四点注意事项。

①执行上司的指令。

如果对指令有疑问，但事态紧急，应先执行再沟通，除非指令有明显错误或可能造成一定损失。举个例子，上司给员工一张图纸进行零件加工，而员工发现这张图纸已经过期了，这时员工应该立即指出。除了这样的明显错误，对待上司的指令，应重在执行。

②维护上司的尊严。

人有被尊重的需求，作为上司更是如此。

> 杨修有才，多次猜出曹操哑谜，然而，却因为没有给曹操留足面子而得罪曹操，遭到排斥。另一个角度，曹操是不是一个“小肚鸡肠”的人呢？不是，三国之中只有曹操阵营称得上猛将如云，孙权与刘备在这一点上都不及曹操，如若“小肚鸡肠”，又怎能得到如此多将领的拥护呢？

③及时汇报工作进展。

有时，上司下达一项指令后，需要了解工作的进展，下属应及时汇报进展状况，特别是遇到问题的时候。

拿破仑有一句名言：“我在睡觉的时候，如果是好消息，可以不叫醒我，如果是坏消息，必须第一时间叫醒我。”工作中如果遇到不顺的状况，更应及时向上司汇报，以便于上司及时掌握状况。现在的沟通方式很多，除了电话，还可微信留言等。

④提升做成事情的能力。

有时工作任务具有挑战性，作为下属应敢于接受挑战，尽力将事情做成。有人说，什么是人才，就是交给他（她）一件事，做成了，又交给他（她）一件事，又做成了。这里强调的就是“做成事”的能力。

作为一名管理者，与下属相处时，也需要注意满足下属的四点期望，只有这样，才能获得来自下属的拥护。

①公平公正。

下属期望上司做到“公平公正”。虽然没有绝对的公平公正，但至少要保证出发点以及流程的公平性。

> 有一个耳熟能详的故事。和尚分粥，偏向于给自己的碗盛得多，后来，流程做了调整，和尚将粥盛好后，先由其他人挑，最后才由自己拿，这样的流程规定，促使和尚不得不将粥分均匀，否则自己拿的那一碗肯定是最少的。

②增长阅历与知识。

每一个人都希望能在工作中学到东西，获得成长及提升自我的竞争力。下属若有选择机会，肯定乐意选择“能让自己有所成长”的上司。

③得到关心与关爱。

人是感情动物，家庭、生活、身体因素甚至于社会事件都会对一个人的情绪产生影响。作为上司，应关注员工的情绪变化，并给予必要的关心与关爱。

④工作得到肯定。

当下属付出了努力与艰辛时，上司应进行鼓励，对其取得的工作成果予以表扬。

上下级相处需要情商，情商是一种情绪控制能力，是顾及双方立场，并能顾全大局的一种表现。

左宗棠下棋的故事

左宗棠一次出征途中，经过一座村庄，看到一户人家门口挂着“天下第一棋手”的字样。

左宗棠进门与这家主人下了三盘棋，三盘皆胜，于是说：“将外面的字拿下来吧。”而后开心地继续行军。

当他打了胜仗回来时，发现那户人家门口还挂着那幅字，非常不解。那家主人邀请左宗棠再下三盘，这一次左宗棠三盘皆输。左宗棠问何故，这家主人答道：“上次您有任务在身，要率兵打仗，我不敢挫您锐气呀！”

职场中的五种礼仪

孔子："礼者，敬人也；不学礼，无以立。"礼仪表达了对别人的尊重，如果没有礼仪，那么在职场难以立足。职场中的五种常见情景礼仪如下。

1. 企业内常用寒暄语

早上好

失陪了

抱歉，对不起

谢谢

您辛苦了

2. 午休时间的礼仪

午休之前，还没有到吃饭时间，不要心神不定、一副等得不耐烦的样子，而要等到了时间之后再收拾自己的工作物品。

午休时间可以活动一下，调节一下心情。

到了下午上班时间，应准时到位进行工作。

3. 开会礼仪

提前三到五分钟进入会议室。

积极发言固然重要，但好好听别人的发言更重要。

不要私下谈话，如果有意见要得到主持人许可再正式发言。

4. 电话应答的礼仪

“您好，这里是XXX公司。您有什么事？好！请你稍等……”

企业内部人员遵守规范化的礼仪要求，会给外部留下一个热情、精神面貌好的感觉，因为企业的每一位员工都是企业的形象代言人。

5. 遇到客户的礼仪

遇到客户时，应面带微笑，点头致意。

当在楼梯等狭窄空间与客户相遇时，应让开路，靠着墙壁，轻轻地打一声招呼。

素养的一句名言

自律是最低成本的管理。

——任正非

素养的故事

经理王芳因为客户投诉被老板痛斥，回到部门，因为一点小事，把小李训斥了一顿。

小李被无缘无故训斥，心情郁闷。大家连忙安慰小李，告诉她以后小心点。

小李说："没什么，芳姐也是为我好，她这人刀子嘴豆腐心。不过吧，冻豆腐砸人也挺疼的呀。"

"冻豆腐砸人也很疼"，这个故事告诉我们，职场中需善待他人，包括自己的下属，避免以"好心"为理由，就用"冻豆腐砸人"。

6. 安全的知识

安全是在5S基础加上去的一个S，体现了现代企业对安全工作的重视。

安全：识别危险源并予以管控。

危险源指可能造成人身伤害的、具有潜在能量或危险物质释放的设备、物品、空间或部位。车间内，正在行走的叉车，高速旋转的车床，高处的吊车，高处作业的位置，这些都属于危险源。危险源并不直接造成事故，在一定诱发条件下，才会造成事故。所以，识别出危险源，并予以管控，是防止事故发生的基本思路。危险源的管控方法包括设备设施维护保养（防止设备设施故障导致安全事件），订立安全操作规范，设立警示标识，对人员进行培训等。

安全事故的造成主要有三方面的原因，一是物的因素，机械设备工具等有缺陷或环境条件差而引起事故；二是人的因素，人员违章作业、麻痹大意等引起事故；三是管理因素，缺乏对人的培训或未建立合理制度等。危险源管控主要就是从这三个方面实施。详细的安全管控方法将在第三章中展开。

安全实施三步骤，分别是危险源识别，开展防控工作以及对员工教育。

安全实施三步骤

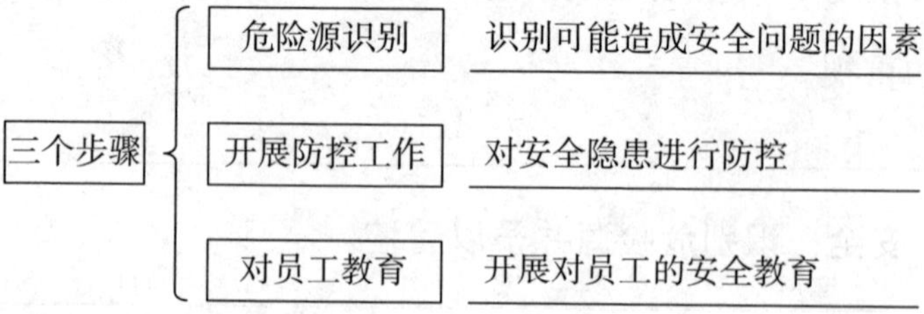

安全的一句名言

让安全成为习惯，让习惯保障安全。

——工地上的一句标语

安全的故事

战国时期一个叫淳于髡的人来到朋友家，看到朋友家里烟囱是直的，又有很多柴火堆在炉灶旁。

淳于髡发觉这是危险源，为什么呢？烟囱是直的，风就会倒灌进来，将炉灶内的火星吹出来，而柴火离炉灶很近，容易被点着，可能会产生火灾。于是，淳于髡向这户人家提出了“曲突徙薪”的建议，也就是烟囱应是曲的，风不会倒灌，同时呢，柴火离炉灶应该远一些。

有效识别危险源（危险状况），并及时采取措施，是非常重要的。故事中的这位朋友没有听从劝告，结果真的发生了火灾。

第三节 6S的基本口诀

6S管理

6S是精益管理的基础工具！

整理：要与不要，一留一弃。

整顿：分类标识，三定管理。

清扫：清扫环境，点检问题。

清洁：订立规范，确保贯彻。

素养：守则敬礼，养成习惯。

安全：按章作业，高效预防。

一个核心

塑造有序清爽、安全高效的作业环境！

两个目标

打造企业改善的摇篮；

提升全体人员的修养。

三个一定

一定要有标准；

一定要去稽核；

一定要有展示。

四化过程

第一步，形式化，通过整理、整顿、清扫，使现场整洁有序起来；

第二步，规范化，订立细致标准让员工遵守，如清扫应达到怎样的标准；

第三步，习惯化，通过长期推行，使员工养成自律的习惯；

第四步，活性化，员工从中感受到乐趣与成就感，乐于参与其中，乐于贡献智慧，并成为6S的主要推动力量。

五去浪费

①整理主要消除空间浪费；

②整顿主要消除时间浪费；

③清扫主要消除设备设施劣化浪费；

④清洁主要消除无序的浪费；

⑤素养主要消除人力效能的浪费。

六项自查

① 员工是否接受了相应6S培训？

② 现场区域责任是否划分到位？

③ 是否有明确的各个S的基准？

④ 现场是否有潜在的安全隐患？

⑤ 现场是否有看不清状态或用途的物品？

⑥ 是否进行了有效的可视化管理？

七条标语

①改善从我做起！

②人造环境，环境育人！

③现场是我们的一面镜子！

④一百个细节转变就是大改善！

⑤三现主义：现场、现物、现实。

⑥每一天、每一点、每一处的改善！

⑦条理井然，一目了然，自然而然，生机盎然！

第四节　6S不成功的五大原因

6S不成功，指推行一段时间后，又恢复了脏乱差的状况，员工素养并未得到提升。这个问题在我国一些中小企业表现得比较突出。

原因之一：短期行为

误区：不少企业期望通过一场运动来改变现场脏乱差及人员素养低下的状况，好似来点灵丹妙药。这样的想法可能有些天真，容易出现“一紧二松三垮台四重来”的局面。

纠正：6S管理不是高科技，而是朴实的管理实践总结，它更多依赖于员工的点滴行为而改变，因此不能急于求成。进行合理规划，使现场发生转变，建立人员信心，进而建立规范、扭转不良作风，并培养出内部的6S人才团队，这才是正确做法。

原因之二：领导思维未转变

误区：有些领导自身修为不高，将企业规章制度都视作是用来要求员工的，而自己超然于规则之上。他们可能喜欢

“成功学”课程，被“大师们”忽悠得七荤八素。“奖惩随意、朝令夕改、给我搞定”是他们的工作作风。总之，他们给员工一个显著的印象就是：“规范再严谨都抵不上领导的一句话！”

纠正：凡能以身作则、严于律己的领导，其所在企业的现场6S都不会差。须知企业领导在现场的点滴行为会影响一大片员工。这样的领导应该更多学习现场主义哲学（所谓现场主义，主要指管理者深入现场，发现并解决问题。第四章第四小节有关于现场主义的详细解析）。领导可以在企业战略上“挥斥方遒”，但在现场管理上更应“谨言慎行”，防止不好的示范行为带来的不良影响。

原因之三：现有规范未优化

误区：一些企业建立了规章制度及作业标准等各项规范，却空洞、过于理想化或存在较多漏洞，这些未经优化、脱离企业实际的规范自然导致执行力差。

纠正：规范应经过优化，相互之间良好衔接，形成体系。规范应体现“严谨及人性化”，适度吸纳员工意见，并能根据新状况、新建议及时更新。规范的式样应遵循一定的格式，追求清晰、美观、易读。

原因之四：未有效稽核

误区：着重于整理、整顿、清扫的推动，却忽视了稽核工作，导致隐藏的问题未及时挖掘。

纠正：稽核是及时发现问题，并保持持续改善的良好方法。稽核的结果应及时公布在“6S宣传看板”上，对出现的问题应进行跟踪。根据稽核的结果，对表现良好的区域、团队或个人给予适度奖励。

原因之五：未让员工受益

误区：员工在6S推动过程中，一直在想，6S对我有什么好处！如果这个问题没有很好解答，就会形成误区。

纠正：一开始就明确6S对员工的益处，无论工作环境，还是从推进过程中学到的6S管理知识，以及人的素养提升，对员工都有好处。这样的好处需要向员工阐明，以获得员工的配合与支持，此外，6S推行过程中，发现并挖掘积极分子，逐步由外力推动转变为员工自发推动，这点非常重要！

第二章

可视化呈现方法

第一节　划线方法（示例）

笔者拜访过较多企业，注意到大多数企业并没有制定划线或标识标准，导致企业内划线标识混乱。典型的状况有：①缺乏划线标识（根本就没有划线）；②不同车间的区域线宽度不一；③同样的物品状态，划线不一致，容易造成混淆。

比较简易的做法为，明确颜色、线宽以及适用范围，如下图。

简易划线规定

黄色线	区域线（线宽150mm）、作业台、设备定位线（线宽50mm）
绿色线	办公室物品定位（线宽20mm）
红色线	不合格品区、危险品（化学品）区、禁止区域（线宽50mm）
蓝色线	合格品区（线宽50mm）
虎纹线	警示区域、突出物警示、车间入口处、坑道周围、配电柜（线宽根据空间及实物形状）
银色线	清洁工具摆放区域、备品备件存放区域（线宽50mm）

“简易划线规定”的优点在于其简易性，但常常场景化不足。因此，更值得推荐的是场景化的划线规定，这样的规定容易对照，更为专业，细节不易出错。下为不同场景下的划线标准，企业可根据自身状况在此基础上进行调整。

标准车间主通道线标识

基准	黄色线，线宽150mm
示意图	150mm 黄色 线条笔直规整，线边光滑

车间主通道绿色油漆

基准	绿色，平整、光亮
示意图	通道线之间 主通道油漆，绿色

小型车间主通道线标识

基准	黄色线，线宽100mm
示意图	 线条笔直规整，线边光滑

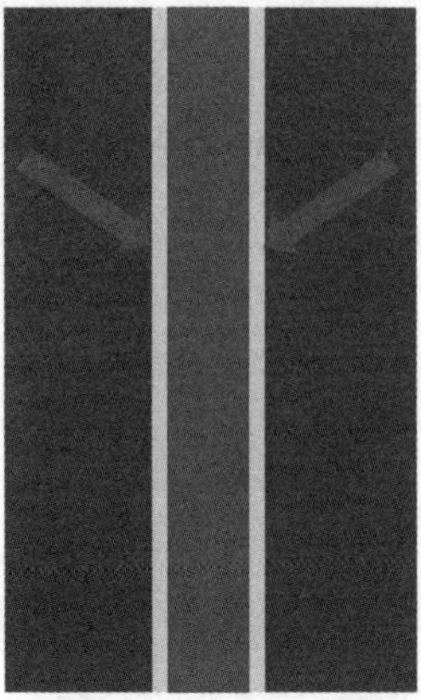

作业台、料架、设备定位线

基准	黄色线，线宽50mm
示意图	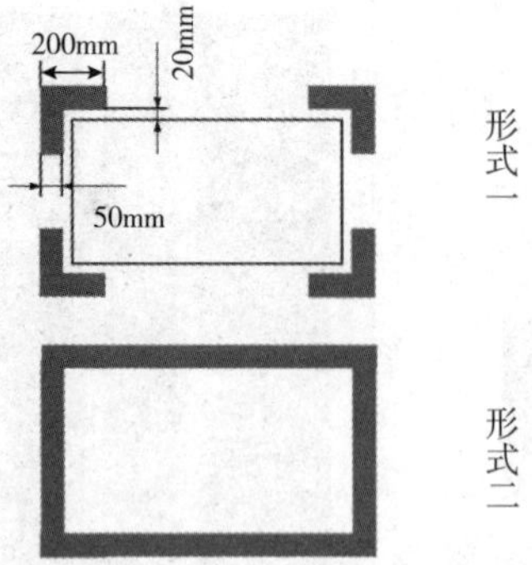

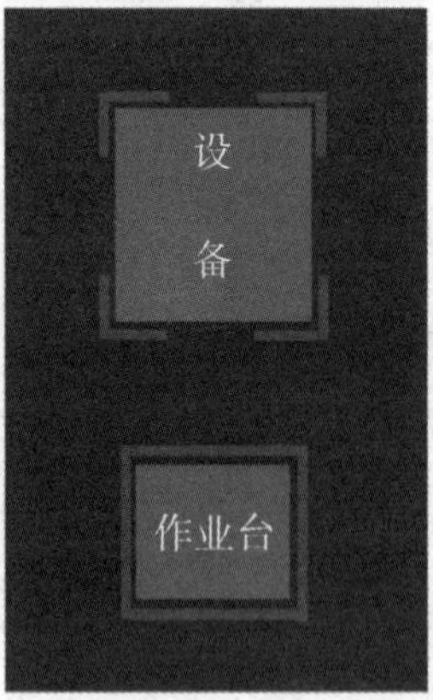

车间出入口处虎纹线（斑马）标识

基准	车间入口以虎纹线油漆标识 针对仓库、车间等出入口
	1.虎纹线宽200~500mm（依据具体场景） 2.黄黑角倾角为45度 3.黄黑条纹宽度为100mm 4.斑马线画法为：先刷黄漆，贴付美纹纸后涂黑漆

注：车间出入口画虎纹线（斑马线）意在提醒叉车移动设备等进入车间时注意。

移动式设备定位标识

基准	黄色线，需标明箭头
示意图	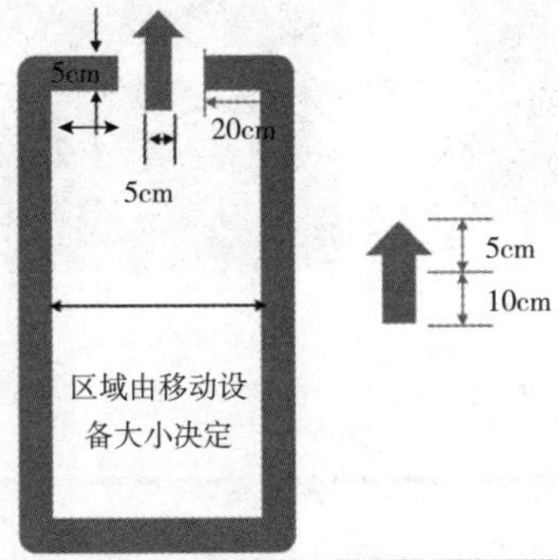

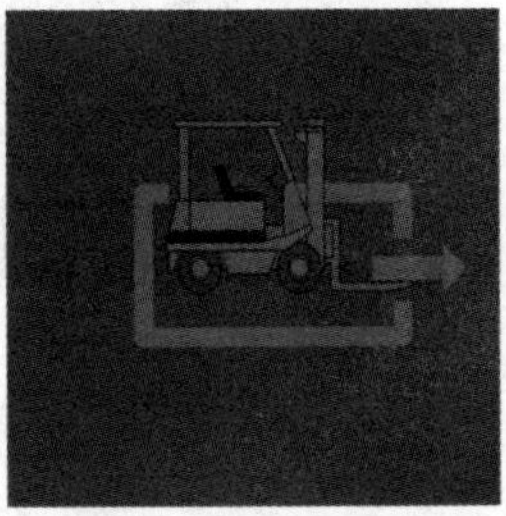

注：此定位标识旨在规范叉车、小推车等移动设备的统一摆放，方便取用。

消防栓、灭火器标识

基准	针对消防栓、灭火器地面标识 警示同时防止周围堆放物品
	1.虎纹标识，划线参考尺寸如图 2.消防栓、灭火器实物边缘与此纹线应留有一定距离（建议：30mm≤距离≤50mm）

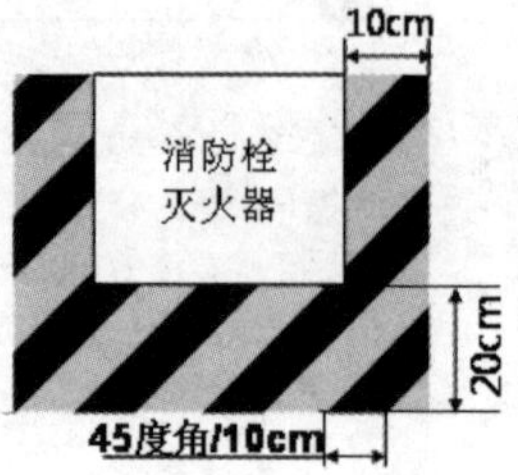

开门线标识

基准	仅在特定区域设置开门线，可用圆点或三角形块组成开门线
示意图	 开门线通常在油漆地面上开展，视觉效果更好

注：开门线有三重意义：①提示划线区域不能摆放物品；②门后不要站人，防止被撞到；③提升美感。开门线通常选用黄色或蓝色，同时需是地面的对比色。

企业划线应遵循“安全色红黄蓝绿”以及“对比色”原则，主要区域以及对象制定划线基准后，再对某些具体场景制定基准，确保基准的完整性。

某些时候，现场划线可先用胶带贴，使用一段时间后，再改为刷漆形式，因为胶带容易变更，而油漆一旦刷上则难以清除及变更。

第二节　标识方法（示例）

划线主要在地面开展，而标识主要在区域的空间开展或对物品进行标识。下面举一些标识的例子，这些标识与前面讲到的划线可以使得现场整齐有序化。

车间及产线标识牌示意

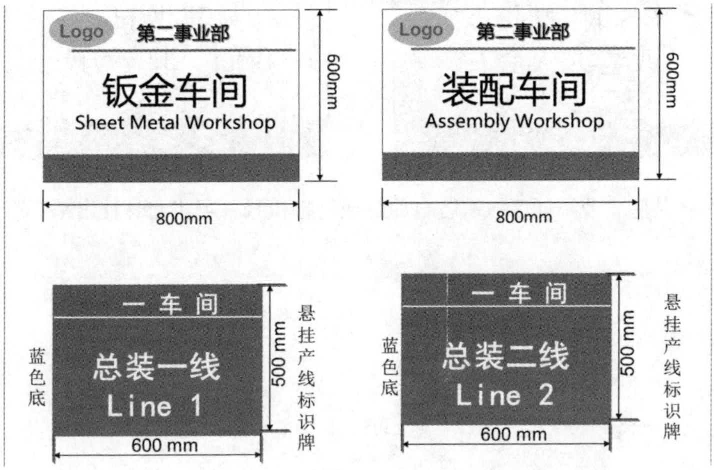

注：尺寸仅供参考，如企业期望更醒目些，则可进一步放大。

设备状态标识牌示意

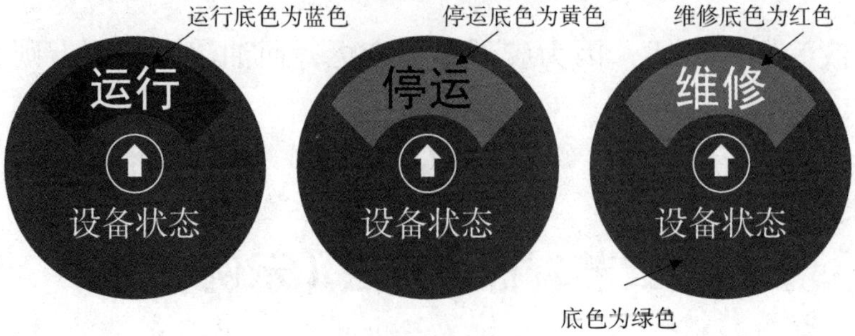

注：此类标识牌含有磁性，可以吸附在设备上。

6S口号标识牌示意

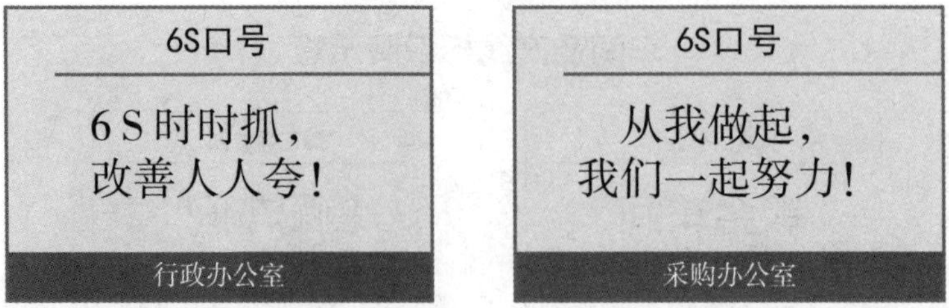

注：某些企业不同区域有各自的6S或管理口号，可将之悬挂出来。

小物件划线标识示意

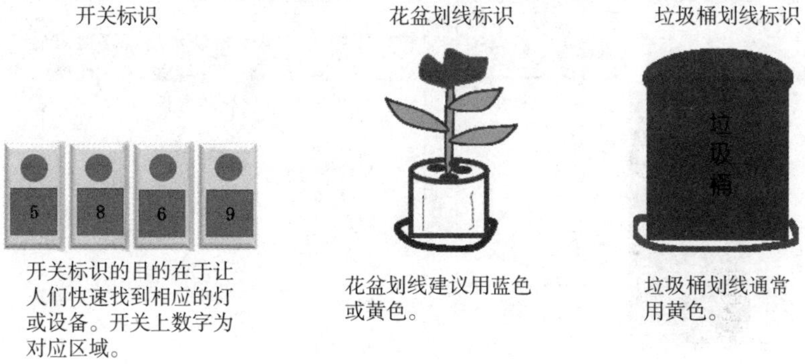

文件柜文件夹标识示意

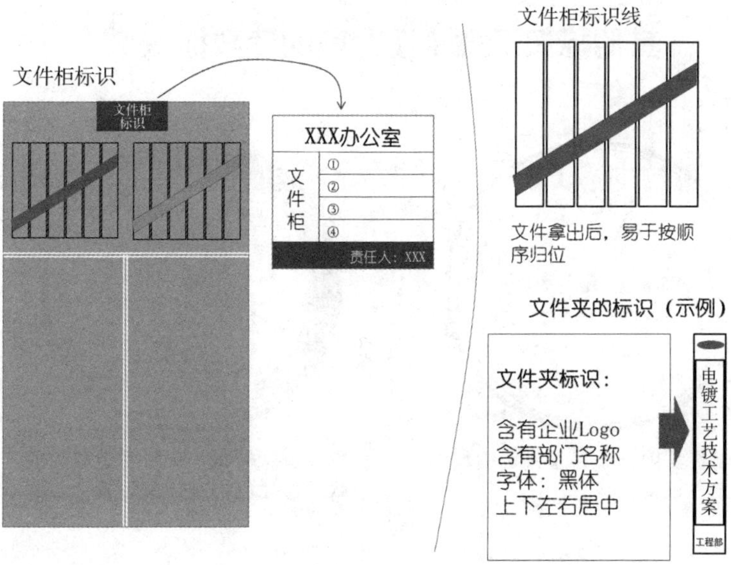

其他标识示意（形迹化）

物品堆放限高线与安全线

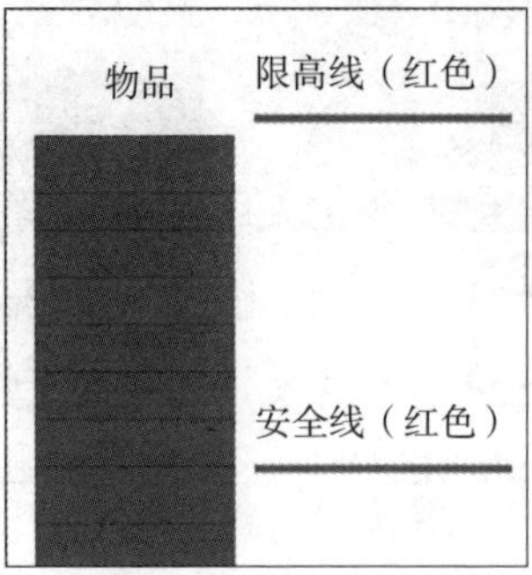

螺栓紧固标识线

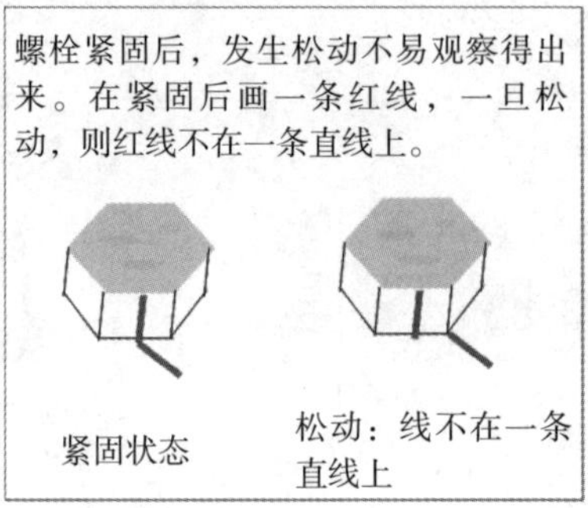

注：形迹化也称为形迹管理，将形迹作为依据进行判定。还有一种形迹管理，也称为影子管理，即依据物品影子画出形迹，物品按形迹放入，多用于工具摆放或文具摆放，具有良好的“易于观察性”及视觉冲击力。

其他标识示意（压力表的读数标识）

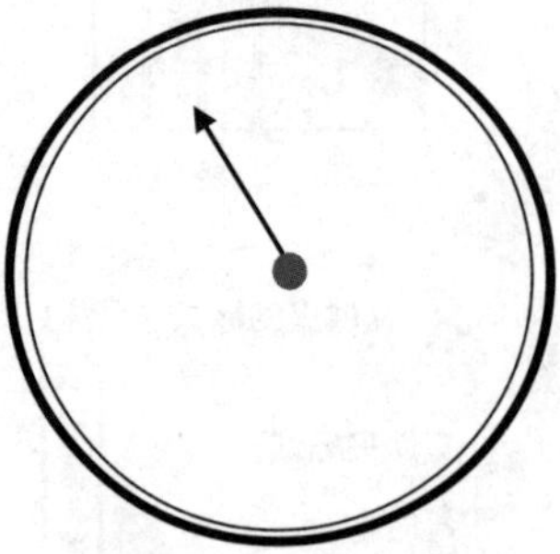

未标识前，不易于判定读数是否正常。

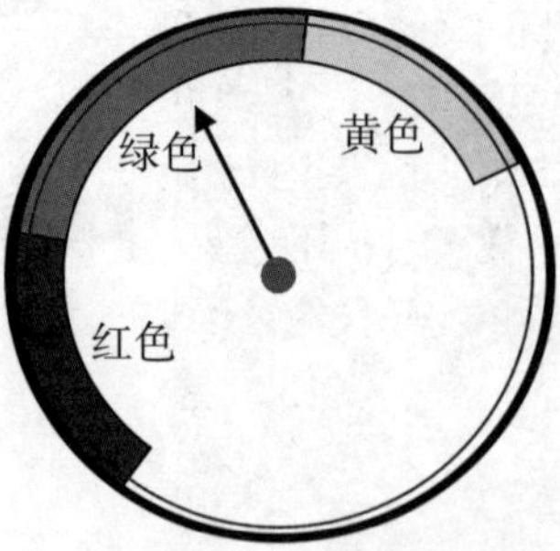

用红黄绿标识，一眼看出读数的状态，绿色正常，黄色警示，红色意味发生问题。

第三节　6S知识可视化看板

6S知识看板主要聚焦6S知识宣传或推进信息更新。通常，看板可分为三类，一类为印制成型，只能整体更换；另外一类为信息更新类，信息需要阶段性更新，如每周生产质量信息的更新；第三类为上述两类的融合，看板中一部分印制成型，其他部分需要信息更新。从工作量来讲，第一类需要的工作量最少，第二类最多（因为需要经常性更新），第三类则介于两者之间。小型企业人手少，宜于多用第一类看板，即整体印刷成型。

下面举几张可视化看板的例子。这些例子中的看板可以直接照用，可以利用其中的素材，或者借助其展现形式。每张看板给出编号及维护人姓名，这在实际工作中也是要遵守的，便于看板的维护及明确责任人。

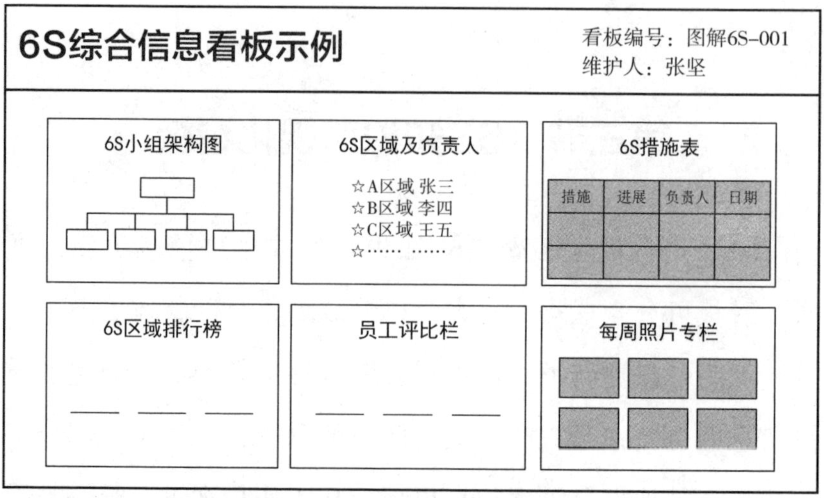

注：此为信息更新类看板，需及时更新其中信息。

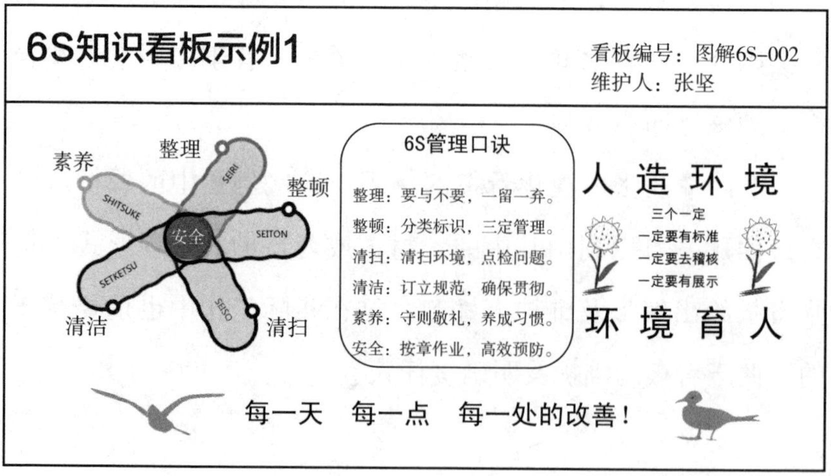

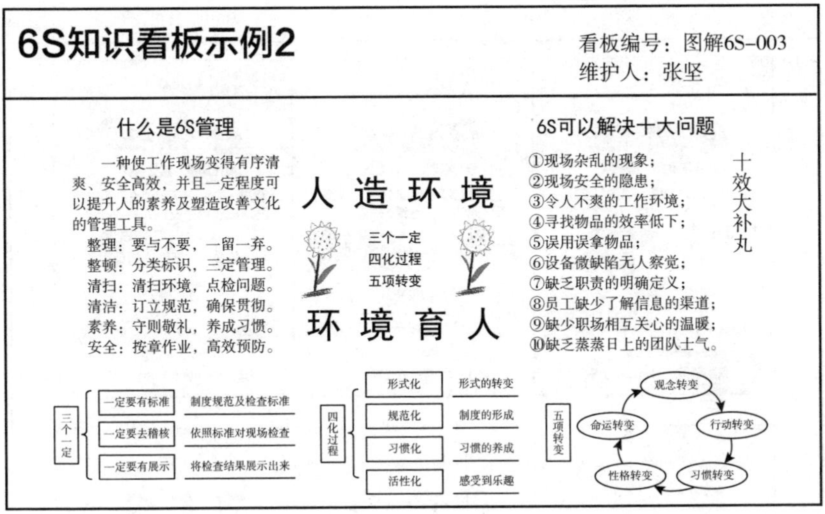
6S知识看板示例2
看板编号：图解6S-003
维护人：张坚
什么是6S管理
一种使工作现场变得有序清爽、安全高效，并且一定程度可以提升人的素养及塑造改善文化的管理工具。
整理：要与不要，一留一弃。
整顿：分类标识，三定管理。
清扫：清扫环境，点检问题。
清洁：订立规范，确保贯彻。
素养：守则敬礼，养成习惯。
安全：按章作业，高效预防。
人造环境
三个一定
四化过程
五项转变
环境育人
6S可以解决十大问题
①现场杂乱的现象；
②现场安全的隐患；
③令人不爽的工作环境；
④寻找物品的效率低下；
⑤误用误拿物品；
⑥设备微缺陷无人察觉；
⑦缺乏职责的明确定义；
⑧员工缺少了解信息的渠道；
⑨缺少职场相互关心的温暖；
⑩缺乏蒸蒸日上的团队士气。
十效大补丸
三个一定
一定要有标准　制度规范及检查标准
一定要去稽核　依照标准对现场检查
一定要有展示　将检查结果展示出来
四化过程
形式化　形式的转变
规范化　制度的形成
习惯化　习惯的养成
活性化　感受到乐趣
五项转变
观念转变
行动转变
习惯转变
性格转变
命运转变

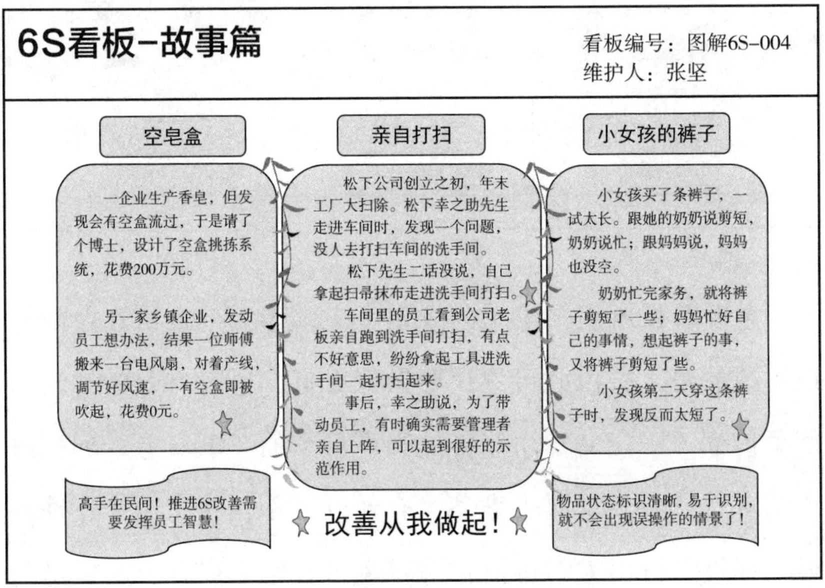
6S看板-故事篇
看板编号：图解6S-004
维护人：张坚
空皂盒
一企业生产香皂，但发现会有空盒流过，于是请了个博士，设计了空盒挑拣系统，花费200万元。
另一家乡镇企业，发动员工想办法，结果一位师傅搬来一台电风扇，对着产线，调节好风速，一有空盒即被吹起，花费0元。
高手在民间！推进6S改善需要发挥员工智慧！
亲自打扫
松下公司创立之初，年末工厂大扫除。松下幸之助先生走进车间时，发现一个问题，没人去打扫车间的洗手间。
松下先生二话没说，自己拿起扫帚抹布走进洗手间打扫。
车间里的员工看到公司老板亲自跑到洗手间打扫，有点不好意思，纷纷拿起工具进洗手间一起打扫起来。
事后，幸之助说，为了带动员工，有时确实需要管理者亲自上阵，可以起到很好的示范作用。
改善从我做起！
小女孩的裤子
小女孩买了条裤子，一试太长。跟她的奶奶说剪短，奶奶说忙；跟妈妈说，妈妈也没空。
奶奶忙完家务，就将裤子剪短了一些；妈妈忙好自己的事情，想起裤子的事，又将裤子剪短了些。
小女孩第二天穿这条裤子时，发现反而太短了。
物品状态标识清晰，易于识别，就不会出现误操作的情景了！

每个S宣传小看板

看板编号：图解6S-005
维护人：张坚

这里看板所用知识（或故事）大多为第一章讲述过的知识（或故事），由此可见，要做好看板，进行有效的知识与信息传播，一定的知识储备是必不可少的。事实上，6S推进组织者具备6S知识对推进6S大有益处，不仅在于由于正确理解，促进发挥出人的价值，同时，也有助于提升下属或参与者的知识水平。

第四节　其他管理类看板

推行6S过程中，需要将其他类看板考虑在内，统一设计，形成整体风格，以及较为全面的知识宣传。这里提供的其他管理类看板示例包括精益生产看板、现场管理看板、班组管理看板、标语类小看板。

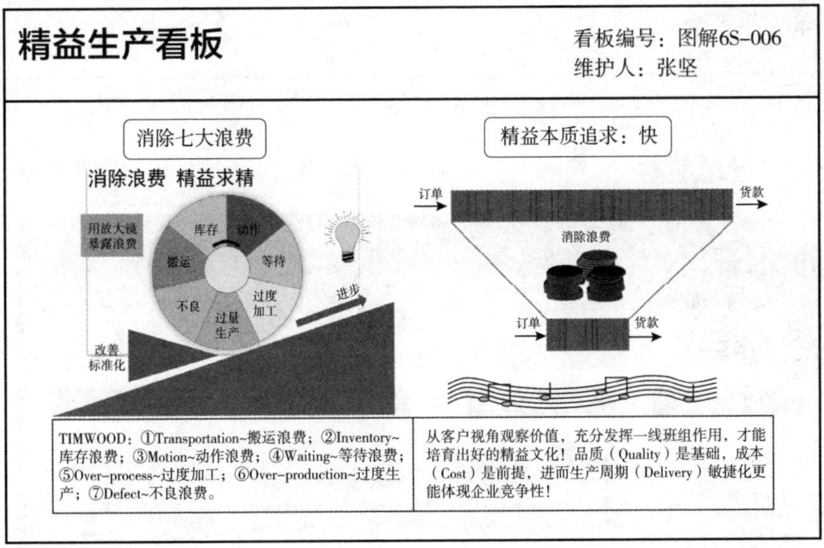

现场管理看板

看板编号：图解6S–007
维护人：张坚

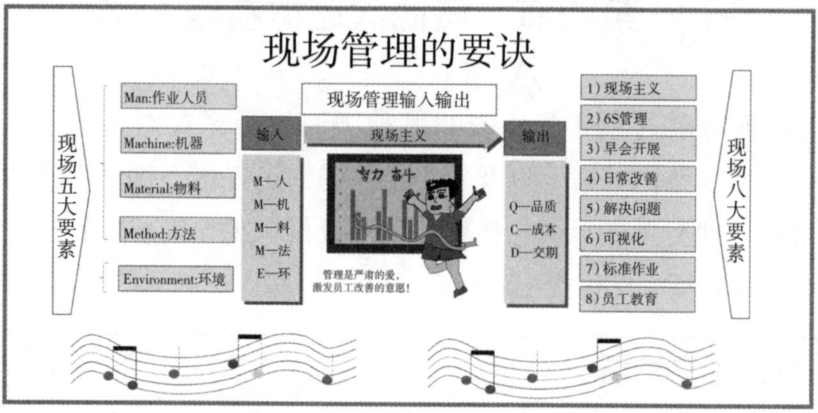

班组管理看板

看板编号：图解6S–008
维护人：张坚

标语类看板

看板编号：图解6S–009
维护人：张坚

管理类标语

注：品质类标语及管理类标语通常贴在墙上或车间的柱子上，形成一种文化氛围。

标语言简意赅，富有哲理，起到激励人心的作用，但不能不符逻辑。一家企业墙上挂着这么一句标语，前半句是“结果第一，过程第二”，说明企业倡导“结果导向”，这个完全在理。但后半句就不对劲了。后半句是“只看结果，不看过程”。过程与结果是因果关系，没有过程，哪有结果？这样逻辑不通的标语可能会误导员工，为了结果而不择手段。

第五节　职责类可视化

将职责可视化展示出来，可提升人员的职责意识，减少因职责不明确导致的“推诿扯皮”现象，同时一定程度提升岗位荣誉感。下面提供了两类职责可视化，一类是每个区域都应有的责任区划分，明确当事人主体，每个细分区域都有相应6S责任人；另一类为车间主要岗位职责可视化，对不同岗位职责做出明确规定。

区域责任图看板示例

看板编号：图解6S-011
维护人：张坚

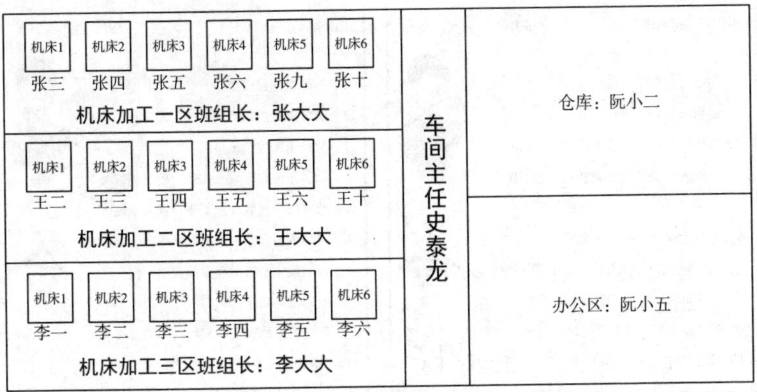

区域责任图指将细分区域划分给现场每一个人，使得每个人担负起各自区域6S职责。此责任图可张贴于综合类看板的某一位置。

车间岗位职责图（生产员工、检验员）

看板编号：图解6S-012
维护人：张坚

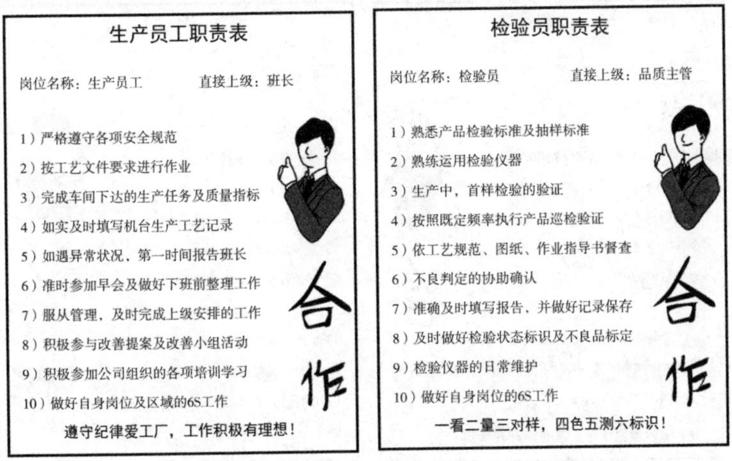

注：一看二量三对样，指看外观、量尺寸及比对样品；四色五测六标识，指对色板、测性能及对已检产品标识。

车间岗位职责图（班组长、仓管员）

看板编号：图解6S-013
维护人：张坚

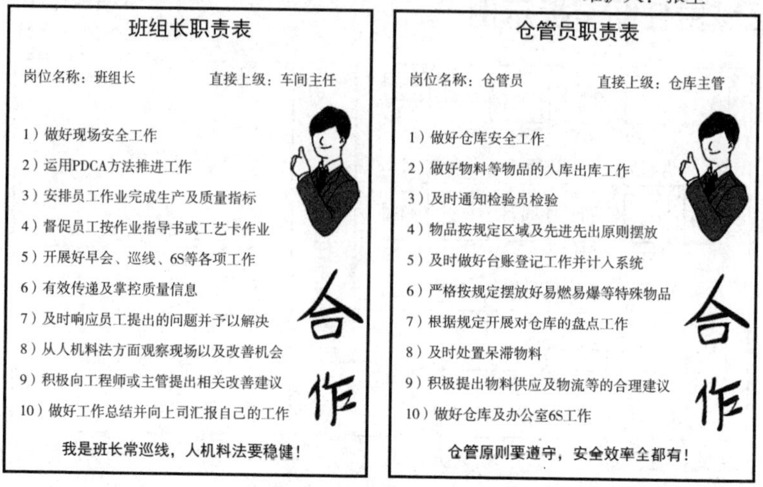

车间岗位职责图（6S专员、车间主任）

看板编号：图解6S-014
维护人：张坚

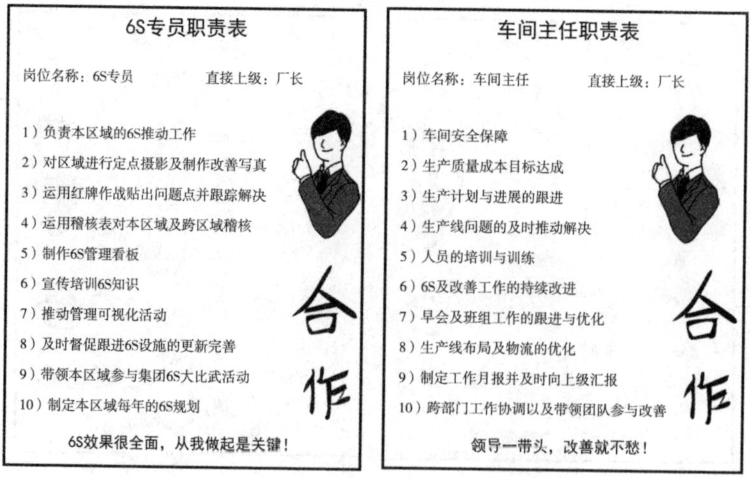

岗位职责图应张贴于岗位处，或统一张贴于车间某一处，形成可视化效果。

第六节　要求基准可视化

以下共提供了四幅要求基准可视化示例，分别是工作台必要品清单可视化、办公室物品配置可视化以及洗手间与会议室清扫要求可视化。

工作台必要品清单（示例）

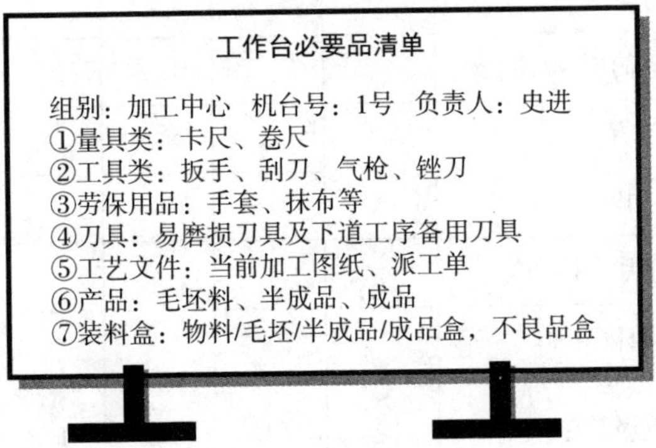

工作台必要品清单应吸附或放置于工作台上，提醒人员不要在工作台上放置不必要的物品。

办公物品配置清单（示例）

分类	编号	物品名	经理级	主管级	文职人员	班长	备注
办公家私	1	大立柜					
	2	中小立柜					
	3	办公桌					带移动小柜
	4	衣架					
	5	更衣柜					限现场
办公物品	6	电脑					
	7	电话					
	8	文件架					3层
	9	立式文件格					3格
	10	订书机					
	11	笔筒/文具筒					
	12	台历					
个人物品	13	盆栽					
	14	相片、挂饰等					
	15	茶杯/茶壶					
清洁物品	16	垃圾筒/抹布	1套	1套	1套	1套	

办公物品配置清单目的在于使不同办公室的物品配置规范化。

洗手间清扫要求

负责人：孙大娘

6S清扫区域005

作业完成后，即在相应日期打一个“√”
本表一周更换一次
作业时注意安全防护。要求时刻保持干净整洁的状态。

对象	部位	频次	要求	周一	周二	周三	周四	周五	周六
整体	整体	随时	通风良好，无积水，干净无污垢，无异味						
地面	表面	随时	无脚印脏污等						
洁具	表面	随时	无浮尘，无头发，无锈斑，无杂物						
厕具	整体	随时	及时冲洗，及时清理，及时消毒，防止堵塞						
物品	N/A	随时	确保有足够的卫生纸等						
垃圾桶	N/A	随时	超过1/2桶高时更换垃圾袋；无散落垃圾						

会议室清扫要求

负责人：孙二娘

6S清扫区域005

每清扫对象完成一次作业后，即在相应日期打一个“√”。
本表一周更换一次。
作业时注意安全防护。要求时刻保持干净整洁的状态。

对象	部位	频次	要求	周一	周二	周三	周四	周五	周六
地面	表面	2次/日	无灰尘，无破损						
墙	表面	1次/周	无灰尘，无破损						
桌面	表面	随时	无灰尘，无杂物						
门窗	整体	随时	玻璃干净，无破损，框架无灰尘,窗帘整齐清洁						
空调	整体	1次/日	状态良好，无脏污						
物品	整体	随时	摆放整齐，状态良好						

第七节　可视化呈现注意事项

《西游记》中唐僧说过一句话：“一经入目，必动其心；既动其心，必生其计！”说的是，一件好东西被人看到了，必定可以打动这个人的内心。好的可视化需要吸引别人的眼球，因此可视化具有一定美学内涵。

1. 可视化的整体规划

可视化也称为目视化，是一种管理手段，通过清晰、形象、夸张的手法，将信息展示出来，人们从中学到知识，获得信息，有所感悟。可视化管理也被称为“走动管理”，人们在走动过程中，眼睛看着可视化信息，就能从中受到潜移默化的影响，因此可以说可视化管理是一种极低成本的管理方式，因为在“不动声色”中已经提升了人的意识、知识甚至技能。

可视化主要有三大价值，一是传递信息，包括知识、要求等信息；二是培育文化，可视化所展示的哲理标语、人物风采、改善过程以及形成的浓厚氛围，这些元素形成了一定的企业文化；三是增加美感，色彩及精美图片等带给人们一定的艺术感受。

管理学中有一个3V法则，由美国的梅拉宾博士于1971年提出。3V分别指Visual（视觉信息）、Vocal（听觉信息）、Verbal（语言信息），其中视觉信息给人的影响度高达55%，听觉信息给人的影响度为38%，而语言信息给人的影响度仅为7%。由此可见，可视化对人的影响度是非常高的。

3V法则

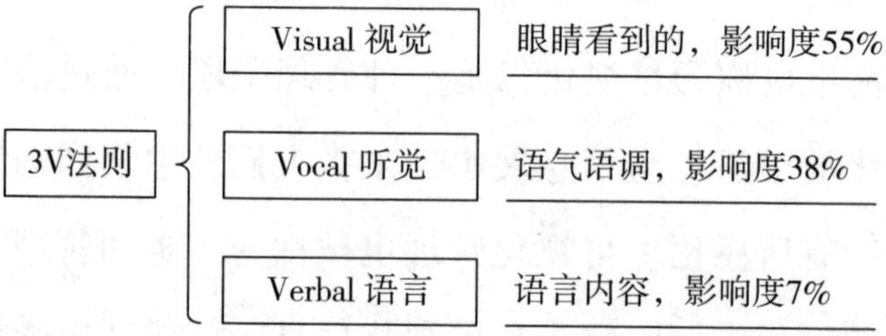

可视化需要整体规划，保持基准一致，形成企业的风格。

整体规划包括制定相应基准，如划线标识基准、清扫基准，一家企业按同一套基准执行。另外，整体规划需梳理需要展示的信息，进而进行可视化看板等呈现的设计。

一家企业可展示信息大体如下表所示。

类别	说明
企业介绍	经营理念、发展历程、组织架构、代表客户、产品介绍、工艺流程
团队文化	团队建设、先进事迹、培训信息、个人感悟、标语
知识宣传	ISO知识、精益管理知识、沟通知识、安全知识等
生产信息	生产目标、订单信息、设备物料信息、进度跟踪、作业说明、人员安排等
质量信息	客户要求及反馈、产品标准、不良展示、良品率图、来料质量、鱼骨图分析、质量小故事等
改善信息	改善规划、改善团队、改善工具介绍、改善成果展示
6S信息	6S规划、6S新闻、6S事迹、6S故事、6S稽核结果等

例：某企业的经营理念

经营宗旨：为客户提供优质产品
企业使命：因我们的产品造福社会
发展愿景：依赖于人，发挥人的价值，构建精益型稳健发展的专业化企业
企业价值观：稳健、专注、努力、进取

办公区域的可视化内容可包括：

1. 企业愿景、口号	10. 部门目标、规划
2. 企业经营方针、政策	11. QCDMS每月管理实绩
3. 品质、环境方针	12. 供应商质量月度趋势图
4. 经营目标、规划	13. 培训计划展示
5. 企业发展历史	14. 工作进度表
6. 销售计划表	15. 岗位职责表
7. 组织架构图	16. 去向管理表
8. 企业整体活动展示	17. 改善提案展示
9. 工厂布置图	18. 优秀员工表彰介绍

注：QCDMS分别是Quality（品质）、Cost（成本）、Delivery（交期）、Morale（士气）、Safety（安全）的缩写。

一次拜访一家日资企业，在大厅等待时，看到大厅一侧的墙上贴着企业发展历程的数幅看板，从创立到一步步在世界各地设立工厂与办事处，这些看板让人感到该企业一路走来的艰辛，更激励企业继续奋发图强。

走进会议室，则看到墙上贴着企业的伦理规范、环境方针与品质方针以及企业创始人大幅图片共四幅看板。从会议室走出去是走廊，从走廊的窗户可以看到生产车间的生产情景，而走廊的一侧则挂满了各种管理看板，包括精益生产、6S看板、ISO质量看板、班组管理看板。结构化的精美构图，给人一种美的感受，并能从中感悟到管理知识的魅力。看得出，这家企业的可视化是经过整体规划的。

2. 可视化看板设计的注意点

设计可视化看板时有四点注意事项。

①模块化。将一块大看板分割成几个模块呈现内容，摒弃杂乱无章，便于人们捕捉到相应信息。

②色彩化。某些内容以色彩形式体现，或者在空白处点缀小图画，吸引眼球，给人美感。

③对比化。即主标题、副标题、正文的文字大小应有相应对比。需要突出的内容与一般性内容应有对比。对比化也需注意，不能比例失调，小的字过小，可能使别人无法看清楚内容。

④口诀化。口诀朗朗上口，易于记忆及传诵，给人印象深刻，口诀化的近义表达为“诗歌”。看板的某些内容可以以口诀或诗歌的形式呈现，增添文学性，激发人们观看时的兴趣，给人“意味深长”的感受。

示例：下班六不走

①环境未扫干净不能走；

②水电气油未关不能走；

③物品未放整齐不能走；

④工具未点清好不能走；

⑤门窗空调未关不能走；

⑥工作未交代清不能走。

示例：6S打油诗

整理

要与不要明确分，
处置工作需认真；
清理清除到清爽，
整理做好莫停顿！

整顿

留下物品定置好，
划线标识有技巧；
定点定容又定量，
现场悄然大变样！

清扫

清扫不单扫环境，
各类隐患消干净；
扫黑扫漏又扫怪，
改善推进人心快！

清洁

制度规范需细化，
检查工作不落下；
现场细节做扎实，
维持保持更坚持！

素养

4S 工作做得好，
人的素养日益高；
素养形成伴终身，
良好习惯胜真金！

安全

安全事务走正道，
构筑底线最重要；
企业发展得保障，
人人进步前景畅！

示例：仓库6S七个到位

①摆放到位

物品摆放有序，便于查找与取用。一些老仓库经年累月，物品混乱不堪，可采用“全部清空，再全部重新整理”的方法，恢复整齐有序的状态。

②标识到位

标识到位，当人们走进仓库时，不仅觉得一目了然，同时也会极快地找到相应物品。标识到位的四句基本口诀：“有物必有区，有区必挂牌，有牌必分类，有账必一致。”

③空间到位

指对空间的极致运用，不浪费空间。

④账目到位

账目及时记，每月有盘点。账目到位指实物与账目需保持一致，状态及时更新。

⑤顺序到位

物品取用必须符合“先进先出”原则，可运用的手法包括明确物品放置顺序以便于实施“先进先出”，用不同的颜色给物品包装贴上标签，人们根据颜色就能快速判定出购进的月份。

⑥安全到位

仓库物资多，货架高，因此安全是仓库管理的重中之重，通过6S工作，使现场干净有序，让问题暴露出来，是实施安全管理的首要工作。

⑦职责到位

明确仓库管理人员的岗位职责，并可视化展示，做到每个人清楚自身的职责，担负起肩上的责任。

3. 可视化管理三重境界

可视化三重境界分别为：第一境界看得见，第二境界看得清，第三境界看得爽。

可视化管理三重境界

第一境界：看得见

员工看得到现场的相应标识

达到这一境界的做法：

①划分并标识区域；

②物品三定放置，产品及设备状态标明清楚；

③物料、工装、检具、设备等数量（所在位置）应登记在册，账目与实物应一致。

第二境界：看得清

看得清问题、看得清要求、看得清改善

达到这一境界的做法：

①将问题暴露出来；

②将信息、要求展示出来；

③将改善过程及成果展现出来。

第三境界：看得爽

看上去给人心情舒爽的感受

达到这一境界的做法：

①色彩、口诀、故事的运用；

②改善展示激发荣誉感与参与感；

③确保及时更新与维护。

4. 可视化推进五个步骤

可视化推进五步骤

①整体规划

↓

②清洁环境

↓

③地面划线

↓

④标识及可视化看板

↓

⑤确定维护更新规则

第一步即为整体规划。整体规划会形成整体风格与自有特色，人们老远就能认出肯德基、麦当劳，因为它们标识醒目且有其特定风格。人们走进书画家家里，看到墙上挂满了书画作品，这就是书画家的风格与特色。可视化的风格与特色是企业文化的一部分。

一位男士去乐器博物馆参观，参观后要上洗手间。乐器博物馆有它自身的文化，洗手间门口没有“男”“女”字样，只见一边门口挂着小提琴模型，另一边门口挂着钢琴模型，那么这位男士应该进哪一边呢？“小提琴”还是

"钢琴"？

事实上，这就是乐器博物馆独有的文化，如果参观的时候仔细观看，会发现钢琴上标有"乐器之王"字样，而小提琴上标有"乐器之后"字样，这种情况下，应该不难发现，这位男士应该进哪一边的洗手间了吧？

第二步为清洁环境。脏污的环境不可能产生可视化。人们恨不得避而远之，怎么愿意多看呢？清洁环境主要是整理、整顿与清扫的工作，环境清洁给了可视化"底蕴"。

第三步为地面划线。地面划线使得区域明晰，现场有了初步的色彩。

第四步为标识与可视化看板。其中可视化看板设计需注意模块化、色彩化、对比化与口诀化。

第五步是确定维护更新规则。有些企业的可视化看板经年累月上面落了一层灰，已经起不到可视化的价值（甚至可能会有反作用）。此外，每一个区域、每一块看板都应明确责任人，以及更新周期。

第三章
促进6S推进的方法

第一节　初期的推进活动

6S推进大致可分为两个阶段，一个是“从无到有”的项目型阶段，即原先没有6S管理或6S现状很差，通过活动推进，使得现场符合6S要求；另一个是日常化阶段，即现场已经有6S管理，需要维持良好的状态，并进行必要的创新或持续改善。

以下推进方法（包括第二节中的中后期推进方法）的价值在于促进“从无到有”或“从差到好”，进而在日常化推进过程中能够保持与创新。

项目型到日常化

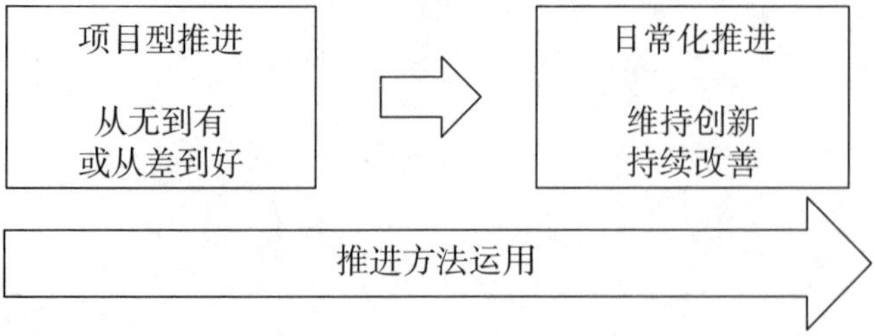

1. 启动大会

启动大会是一种宣告仪式，宣告6S活动正式开始，这意味着改善的开始。

启动大会向员工阐述6S活动的必要性、紧迫性及意义，对员工思想进行统一，同时，告知员工接下来要进行的工作。

企业有必要成立6S推进工作小组，并在启动大会上亮相。

示例：推进小组人员6S宣誓词

我宣誓，作为公司6S改善推进小组成员之一，我将以身作则，带头做好本区域6S各项工作。

通过早会、现场巡查、员工交流等形式，及时纠正工作现场不当行为，严格按6S标准推进现场管理。

同时为公司整体6S项目推进贡献自己的力量！

6S管理，重在规则，贵在坚持！加油！

宣誓人：XXX

2. 全员培训

全员培训可在启动大会上进行，也可以另择时间开展。笔者曾参与南京一家大型企业为期两周的6S全员分批培训，每次培训时间约1.5小时。培训内容包括6S的来历、意义及每个S的知识，当前问题点，下一步应该如何做等内容。

全员培训应体现趣味性，不宜给学员一种枯燥或照本宣科的感觉。只有展现趣味性，才能更好地激发人员学习兴趣以及后续参与6S的热情。从这个角度讲，师资选择非常重要，如果企业内部没有合适人选，应从外部聘请优秀老师授课。

“种下思想，收获行动；种下行动，收获习惯；种下习惯，收获品德；种下品德，收获命运。”通过培训，可以给员工种下6S的思想种子。

6S培训课纲示例

一、培训目的

使学员了解6S基本概念及其意义，掌握每个S的基本内涵以及推进6S的基础方法。

二、培训对象：全体员工。

三、培训时间：2小时。

四、培训内容

1.什么是6S管理

2.为什么要实施6S管理

- 对员工及企业的价值。

3.每个S的解析

- 每个S的含义。
- 每个S的推进流程。

4.现场6S图片分析

5.6S推进的基础方法

6.我们员工应做到的六点要求

讨论：你选谁担任6S经理

五、课程小结

朗诵：团队士气歌。

3. 订立推进程序

如果企业规模较大，或者预估到推进过程会遇到阻力，应设立《6S推进程序》，以明确职责及奖惩规则，使得隐蔽的阻力不敢破坏推进整体进程，并随着推进深入开展，促使“隐蔽的阻力”自我转变，变成积极与支持的力量。

《6S推进程序》需明确所适用的阶段。如果仅适合项目型阶段，相关要求将专门针对这个阶段。这需要在程序文件中明确说明，防止误用或因文件过期未及时废除造成困惑。

6S推进程序规定示例

1.0 目的

1.1 本程序主要运用于6S推进项目阶段。

1.2 旨在有效推进6S，明确相关职责及奖惩制度，激励人员参与改进，贡献力量。

2.0 适用范围

2.1 生产区域：车间、仓库、检验室等；

2.2 办公室、食堂及露天区域。

3.0 组织与权限

3.1 总经理负责基础设施完善、资源调配及人员组织；

3.2 6S推进小组组长负责督促各区域6S实施，并对整体推进结果负责；

3.3 6S协调员负责整理、更新6S资料（报告），并负责可视化看板的管理与更新；

3.4 区域负责人负责带领员工推进本区域的6S，并参与区域间的竞赛；

3.5 员工负责自身岗位6S工作，参与本区域及全厂6S推进。

4.0 程序规定

4.1 6S要义

4.1.1 整理：区分需要品与不需要品，并对不需要品进行处理；

4.1.2 整顿：对必要品的处理，包括规划区域及定置（三定）管理；

4.1.3 清扫：对环境的打扫，以及发现微缺陷并进行处置（恢复）；

4.1.4 清洁：订立制度与规范，从而使得前3S的效果能够保持；

4.1.5 素养：养成自律的习惯以及职场礼仪；

4.1.6 安全：识别危险源，予以管控。

4.2 6S推进内容

项目	要点	备注
整理	• 改善前摄影 • 制定“要与不要”的基准 • 划分区域职责	以培训代替启动大会，公布6S推进计划，使每个人都有良好的配合意识
整顿	• 订立划线基准 • 料框等定置管理 • 优化仓库物品存放 • 可视化及信息规划	参照划线基准模板；可视化信息包括生产、品质以及改善等信息
清扫	• 订立清扫基准 • 微缺陷的定义 • 使用问题清单 • 设备点检完善	发动员工，每位员工每周找出六个问题点
清洁	• 区域稽核 • 6S评比展示考核 • 全面展开可视化管理	稽核标准需经推进小组审核通过，取得广泛认同，便于后续实施
素养	• 养成职业礼仪 • 颁布6S及可视化手册 • 6S故事征文	达成“人造环境，环境育人”
安全	• 安全隐患识别管控 • 培养班组长安全管理的技能	建立危险源管控可视化，适度运用“危险预知训练”方法
6S培训	• 展开至少3次6S及可视化培训 • 全员考核	在实施项目过程中，进行必要的培训宣导

4.3 6S推进奖惩

4.3.1 评比方法

每月开展一次6S评比活动。评比由6S推进小组组长组织实施，根据评比结果展示“区域排行榜”。

4.3.2 奖励说明

4.3.2.1 评比中，区域第一名奖励500元或等值礼品，个人第一名奖励200元或等值礼品。

4.3.2.2 6S实施过程中，根据员工表现，可考虑颁发以下奖项。

最佳建议奖：提出了很好的6S或其他的改善建议（100元或等值礼品）；

最佳实践奖：做出了一些大胆的改进尝试（200元及以上）。

4.3.3惩罚说明

4.3.3.1对于消极对抗的个人，企业有权将其调离岗位直至开除。

4.3.3.2在区域排行榜中，累计三次垫底且低于及格分者，需提交书面说明，并做出检讨。

5.0 相关记录表格

5.1 6S稽核标准表

5.2 6S项目推进表

4. 自查问题点

所谓自查问题点，就是让员工自己查找工作区域的问题点。员工大多对现场问题心知肚明，只是没有渠道让他们表述出来。自查问题点提升了参与积极性，问题得以澄清，由于问题由自己发现，员工解决问题积极性或配合度更高。自查问题点会激发起员工的问题意识，员工会由于发现的问题得到肯定而感到鼓舞。

自查问题点的具体做法如下：

①将人员召集在一起，分成几个小组，每个小组确定一名组长；

②给每个小组分配一个区域，规定每个小组查找问题的最少数量（如不少于20个）；

③给出一定时间，如半小时，各小组进入指定区域查找问题；

④在规定时间回到召集地（如会议室），各个小组发表自己发现的问题及感想（发表的过程既是展现小组查找问题成果的过程，也是他人认识这些问题的过程）；

⑤将这些问题点梳理后存档，后期改善中可适度对照，查看这些问题有没有得到解决。

例：某小组在自查问题点中发现的问题：

①区域划分不清，不符合三定（定点、定容、定量）要求；

②半成品、成品混放；

③有些产品无标识，无流程卡；

④设备漏油，造成地面油污；

⑤产品堆放不整齐，空间浪费；

⑥个人用品（水杯）未放在规定区域；

⑦模具无标识；

⑧托盘产品堆放过高，存在安全隐患；

⑨闲置托盘乱放；

⑩电气柜门未关闭，电线散落在地；

⑪地面标识不清楚；

⑫产品占用过道；

⑬检验检具未放在固定区域，容易丢失；

⑭机床外壳上有废料；

⑮空压机处有垃圾；

⑯工具箱内杂物多；

⑰工作台面上有杂物；

⑱垃圾桶未放置在指定位置；

⑲不良品区域混乱，缺乏标识；

⑳会议室内的开关无标识。

5. 管理者清扫

6S源自日本，含有一定日式管理理念，这些理念有助于6S的深入推进。日本企业崇尚现场主义，管理者需经常到现场去。

6S活动初期，现场存在诸多死角，一些区域有脏乱或杂乱状况。管理者放下姿态，亲自拿起扫帚抹布，到现场去参与清扫活动，一方面鼓舞员工士气，另一方面不失为了解现场状况的一次机会。

一家企业推行了好几次6S活动，总是阻力重重，无法达成效果，于是从外部请了一位顾问老师。这位老师了解状况后，对企业老板说："在我辅导的最初时间里，你可否每次和我一起在现场打扫半小时？"老板答应了这个要求并践行了自己的承诺。令老板吃惊的是，就这么一个简单的动作，使得现场开始自发地一点点行动起来，发生了一些美妙变化。原来，老板的亲自清扫，使得中层管理人员不敢再有所懈怠，同时有点"御驾亲征"意味，极大地鼓舞了员工。

管理者清扫包含着“亲临现场，鼓舞士气、查找并解决问题”的内涵。

曹德旺先生讲过这么一个故事。有一天早上，曹先生没在家里吃早餐，到了企业后到餐厅就餐。在餐厅，他发现桌面上丢满了包子皮和一块块的馒头，这让曹德旺感到痛心，这些都是粮食呀，怎么可以这样浪费呢？回到办公室后，曹先生写了一封公开信，强调两点：第一，企业虽然有了发展，但需要保持戒骄戒躁的心态；第二，不应该浪费粮食，农民付出劳动才将粮食种出来，要尊重别人的劳动成果。而后，曹先生让人将公开信贴在食堂门口，并于当天下午召开全体员工大会，专门讨论此事。自此之后，乱扔食物的情况再也没有出现过。从这个故事中，我们可以看到，如果缺少了“亲临现场”，问题可能不会被及时发现，更无法得到及时解决。

6. 6S知识考试

6S知识考试目的在于让员工掌握6S知识，考试有一定严肃性，借此让员工重视6S活动。考试的前提是开展6S培训。

考试结束后，应记录下人员的分数，将试卷存档。

一份供参考的6S考试题

一、填空题（每空3分，共计54分）

1. 6S源自于（　　），因其基础实用，而在世界范围得以推广运用。

2. 6S分别是（　　）、（　　）、（　　）、（　　）、（　　）、（　　）。

3. 6S不仅对企业有价值，对（　　）也有显而易见的价值，比如它为我们塑造了安全与人性化的工作环境。

4. 6S改善前，需进行（　　），将原始状态以图片形式保留下来，以便于与改善后状态进行对比。

5. 整理的最大价值在于腾出（　　），整顿的最大价值在于腾出（　　），因此需要做好定位标识等工作。

6. 清扫中的“三扫”分别是（　　）、（　　）、（　　）。

7. 素养中的“三守”分别是（　　）、（　　）、（　　）。

8. 安全管理有一个（　　）定律，指“凡是可能发生的，终会发生”，告诫我们安全管理中切不可存在任何侥幸心理。

二、判断题（每题2分，共计10分）

1. 6S管理就是大扫除。（　）

2. 6S管理不仅使环境有序清爽，同时提升了人员素养与团队执行力。（　）

3. 清扫就是将事物本来的优点展现出来！（　）

4. 清洁是制度化、规范化的意思，也就是通过前3S的工作，为了保持清洁的状态，需要订立相应的制度与规范。（　）

5. 为更好推进6S，应经常对现场进行检查，发现问题点，并促进改善。（　）

三、选择题（多选）（每题5分，共计10分）

1. 有助于促进6S推进的事项有：（　）

A. 开展6S培训　B. 开展检查评估

C. 无须规划，干就是了　D. 开展区域竞赛

2. 为更好推进可视化管理，应遵守相关的原则，包括（　）

A. 统一风格　B. 简约呈现

C. 色彩鲜明　D. 实用严谨

四、问答题（第一题10分，第二题16分，共计26分）

1. 整顿中的“三定”是指哪三定？请简要做出解释。

2. 使企业的6S活动长效化，你的建议是什么？说两点你可以在6S活动中发挥的作用。

本试题答案：

一、填空题

1.（ 日本 ）

2.（ 整理 ）（ 整顿）（ 清扫 ）（ 清洁 ）（ 素养 ）（ 安全 ）

3.（ 员工 ）

4.（ 改善前摄影 ）

5.（ 空间 ）（ 时间 ）

6.（ 扫黑 ）（ 扫漏 ）（ 扫怪 ）

7.（守时间 ）（ 守纪律 ）（守标准 ）

8.（ 墨菲 ）定律

二、判断题

1.（ × ）　2.（ √ ）　3.（ √ ）4.（ √ ）5.（ √ ）

三、选择题（多选）

1.（ABD）　2.（ABCD）。

四、问答题

1. 定点：确定放置地点　定容：确定放置容器　定量：确定放置数量

2. 开放题，合理即可（本题可收集员工对6S的看法与建议）

第二节　中后期的推进活动

1. 现场稽核

所谓稽核，就是检查的意思，前提是制定好稽核标准（检查标准）。稽核标准应经过审议再实施，避免因对稽核标准产生异议，导致稽核工作不能顺利开展。

有了稽核标准，就要考虑一个问题：谁来稽核？通常有两种做法。一种是由各部门经理组成稽核小组开展稽核，如每周一次，这种做法的好处在于发现问题后，经理们推动力强，问题容易得到解决；另一种做法是由专人（稽核员）稽核，这种做法的好处在于可以增大稽核频率，使稽核成为一项包含稽核、统计、展示、跟进等系列事务的系统性工作。

第二种做法对稽核员的人选要求较高。稽核员必须了解产品知识、6S知识并且有一定的推动力。稽核员应具有以下三个意识。

①原则意识。遇到原则问题时，稽核员不会被说情打动。

②改善意识。发现问题不是目的，促进改善才是目的。在遵守原则意识的基础上，稽核员应释放善意，赢得员工的配合与支持。

③跟进意识。稽核员对问题点应跟进，直到问题解决，并能保持良好状态。

下表为一份简洁型的现场6S稽核表，该表的优点在于按每个S展开，易于让员工了解是哪个S出了问题。该稽核表共25项检查内容，每项满分为4分，共100分。

现场6S稽核表

类别	稽核项	打分
整理	1. 无过期或失效文件、标贴、破损办公物品等	
	2. 无不需要的库存、设备、工具、零件或在制品	
	3. 员工理解整理的重要性，并清楚需要品与不需要品的判定	
	4. 所有需要的物品都有清晰标识；私人物品应放置于指定位置	
整顿	5. 过道/走道、工作区、设备、物料架等有明确标识	
	6. 颜色运用有明确定义，并正确运用，保持良好状态	
	7. 成品、半成品等有指定的存放区域并已做好目视化标识	
	8. 所有物品都有明确定义/标识的摆放位置，并按要求正确摆放	
清扫	9. 地面、墙面、楼梯、管道表面没有灰尘、油渍、污垢、杂物	
	10. 清扫物品放置整齐并容易拿取；清扫责任清晰并经常检查	
	11. 作业垃圾每日清理，三扫（扫黑、扫漏、扫怪）执行良好	
	12. 环境整洁有序且能良好保持	
清洁	13. 明确细分的区域责任人	
	14. 明确划线、标识基准，并执行良好	
	15. 可视化信息看板维护良好	
	16. 稽核发现的问题能及时纠正并保持良好状态	
素养	17. 区域内员工遵守“三守规则”，守时间、守纪律、守标准	
	18. 同事之间相互关爱，礼貌相待	
	19. 同事之间经验共享，共同提升	
	20. 长期推进6S工作，已形成习惯	
安全	21. 区域内所有危险源都得到识别	
	22. 有明确的危险警示标识	
	23. 有明确的安全知识宣传看板	
	24. 班组有效开展了安全学习教育工作	
	25. 人员安全意识高，从实际结果看，安全管控确已十分有效	

共25项稽核项，每项满分4分，共100分。每项根据实际状况0~4分打分。

下表为一张简洁型的办公6S稽核表，可用于办公区域的快速稽核。如办公区域较大或办公区域众多，可在此基础上，制定一份更为详细的办公6S稽核表。

办公6S快速稽核表

1	办公室是否干净整洁？最高处、角落处能否做到手摸无灰尘？
2	办公桌面是否干净清爽，物品摆放有序？
3	特定位置是否有明确的清扫标准及责任人？
4	办公室内相关位置及物品存放是否标识清晰？
5	文件是否标识清晰，归类得当，易于查找？
6	办公室内是否有必要的可视化如目标、职责、规划或数据图等？
7	有没有开展办公6S的自我检查工作？
8	自我检查结果是否及时公示，问题点得到了改善？
9	是否有良好的工作总结汇报制度，工作沟通是否良好？
10	电脑内文件是否归类得当，易于查找？

2. 红牌作战

红牌作战可在现场稽核中使用，也可以单独开展。红牌作战的主要对象为一直未改进的问题点或可能造成安全问题的隐患。红牌作战有“挑刺”的味道，主要目的是促进现场的进一步完善。

除了用于“红牌作战”外，红牌还有两个基础性用法。一是整理时对不要品贴上红贴纸一样的红牌，防止遗忘，并方便统一处理；二是整理中针对一时无法判定“要还是不要”的物品贴上红牌，以便于跟进甄别并处理。

红牌格式示意图

6S红牌

日期：　　　　　　　　　　　编号：

部门		6S负责人	
物品类别	O原料　O产品　O设备　O工具　O备件 O文件　O办公设施　O其他		
问题类别	O无状态标识　O脏污　O残缺破损 O未按规则存放　O危险　O其他		
问题描述			
计划处置时间		备注	
处置方式	O丢弃　O归库　O清扫　O规则化　O维修　O其他		
效果确认		确认人签名	

贴红牌时，应通知该区域负责人；红牌状况应公示；问题未解决，红牌不得取下；问题点改善完成后，才关闭此红牌。

3. 6S月报

6S月报每月刊发一次，及时展现每月工作进展。月报有三大作用：①肯定工作进展，对员工起到激励作用；②易于让阅读者产生“别人做得那么优秀，我们也要做好”的感受，起到鞭策作用；③记录下每个月工作状况，它是一种见证。

此外，6S月报还能起到防波堤的作用，因为它从不同区域收集素材，“逼迫”每个区域不断进步，防止退化的现象发生。不同企业的6S月报格式各不相同，可繁可简，但需要沿用设计好的格式。月报应及时张贴出来，或在公众号等媒体上予以展示。

6S月报示例1（简洁型）

6S月报示例2（简洁型）

6S月报　2020年8月 星期一　31　**第007期**　月刊

本期编辑：张坚

锐意进取　上海要赢6S推进项目小组

清扫有三扫

1. **扫黑**：扫除脏污
2. **扫漏**：扫除漏水漏电等
3. **扫怪**：扫除怪异现象

清扫也是对问题的点检

领导亲自上阵

细致入微的清扫

通过清扫，
让事物本来有的优点，展现出来！

一片忙碌景象！

齐参与，共努力！

注：此月报中图片来源于pixabay.com。

4. 员工访谈

开展员工一对一访谈，了解员工心声，以及他们对6S活动的看法，以便于更精准安排或调整相关活动。员工访谈体现出对员工的尊重，使得人员更愿意配合推进工作。

员工访谈的问题可包括：

①你是否知道6S是哪6S？（了解员工对6S的认知程度）

②如果给车间6S打分（总分100），你会打多少分？（了解员工对车间现状的评价）

③你认为车间里，谁的6S做得最好？（了解谁是他眼中的优秀者）

④你对车间稽核有什么看法？例如频率和分数公布。（了解是否需要对稽核进行调整）

⑤你留意过车间的哪些看板？（了解员工对哪些看板感兴趣）

⑥如果进一步推进车间6S，你觉得重点应该抓什么？（了解员工对6S推进的建议）

⑦你对车间主任或更高领导有什么期望？（了解工作关系状况，是否需要在某些方面做出改进）

⑧你是否还有其他的建议？（开放性问题）

6S推进中的员工访谈不单单针对6S，可适度扩展到其他方面，因为现场工作环节相互影响，比如早会、员工心态等对现场工作都有一定影响，可以针对这些问题展开一些访谈工作。

某企业员工访谈记录（节选之一）

问：您好，您怎么称呼？

答：我叫宋江江，担任生产一线的班组长。在企业已经工作六年。老家是江西的。

问：也算是老员工了，挺棒！您觉得公司什么地方您比较认可，或者比较吸引您？

答：管理较人性化吧！自己有事情的时候，请假比较容易。

问：您对当前的早会怎么看？觉得有没有必要开早会？现在一周一次的频率怎样？

答：我觉得挺好的。我以前所在的企业，每天都开早会。听听主管讲一些情况，对我们员工也是提升（该企业由主管人员开展对车间人员的早会）。

问：您觉得您所在的区域，谁的6S做得最好？

答：刘唐，他是三线的班组长，他真的很认真，他的区域最干净。

问：我们6S已经推进了一段时间，您如何评价？您有什么好的建议？

答：进步是明显的，以前现场确实太乱了，现在现场干净多了，员工更有干劲。

5. 我的6S观

6S知识考试中试题最后一题为："使企业的6S活动长效化，你的建议是什么？说两点你可以在6S活动中发挥的作用。"

这道题可以收集员工的看法与建议，根据笔者经验，回答当中常常有很多真知灼见或积极的观点意见。通过员工访谈也能收集到员工的有价值观点。这些观点经过收集整理，就可以做成"我的6S观"展示出来，能起到非常好的激励效果。质朴的语言，中肯且富有激情的建议，可以有效化解某些人的消极想法。

下图为六名员工对6S的看法，以"我的6S观"展示出来。

我的6S观（1）	我的6S观（2）
①建议每月开展一次主题活动，如工具箱大献宝、知识抢答竞赛等。 ②好的方法传承，制度标准化，坚持执行！ 物料员：李某某	每月开展大扫除活动，由公司领导带头。因为领导高层重视了，员工会更好体会到6S重要性。 车间主任：张某某

我的6S观（3）	我的6S观（4）
①定期组织培训； ②定时巡检，及时改善； ③举办6S评比活动，激发员工积极性。 我愿做一名6S稽核员。 质量主管：丁某某	认真做好周围卫生工作。 工作不养闲人，团队不养懒人。6S在于每个人相互监督，相互帮忙。 努力靠大家，我们是一个团队！ 员工：徐某某

我的6S观（5）	我的6S观（6）
要想6S工作长效化，首先是利，让员工体验到做好6S带来的便利；对员工进行口头以及物质奖励，而且让员工在过程中有所提升。 员工：何某某	原先物料乱摆放，不好找。现在改善后，环境整洁容易找。有了区域标识，加工工件以及半成品都有了其相应位置。希望我们的6S持之以恒！ 员工：邱某某

6. 固化法

固化法是指将改善完成后的情景拍下来，形成标准张贴出来，供遵照执行，防止退化的一种方法。一次给一家化工企业做6S培训，他们已经开展了一段时间的6S活动，每间办公室的显眼处都有一张“固化法”图片，给我留下极深印象。

针对固化法上的要求，每个月做一次评估，评估结果“完美”则在当月位置贴上绿色标贴，“很好”则贴上蓝色标贴，“较差”则贴上黄色标贴，“很差”则贴上红色标贴。

办公室固化法示例

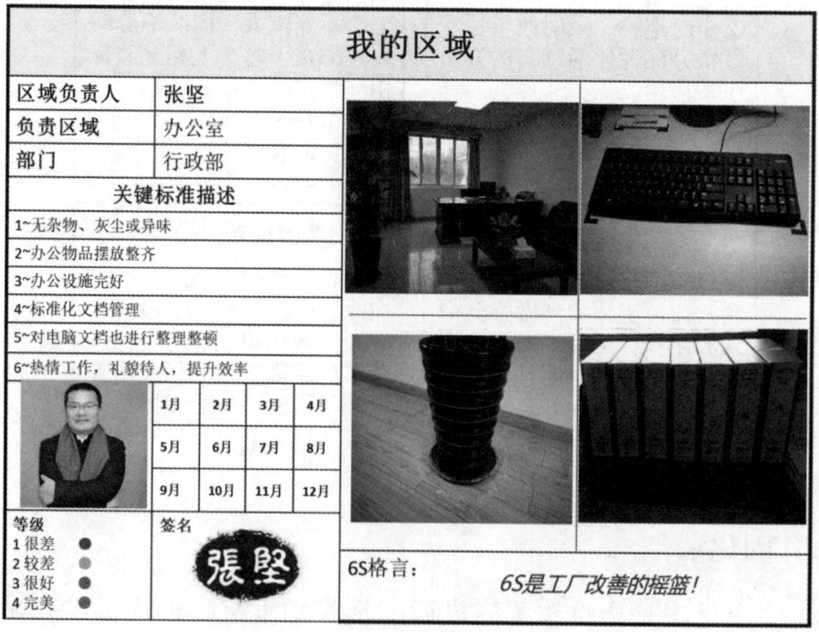

我的区域

区域负责人	张坚
负责区域	办公室
部门	行政部

关键标准描述

1~无杂物、灰尘或异味
2~办公物品摆放整齐
3~办公设施完好
4~标准化文档管理
5~对电脑文档也进行整理整顿
6~热情工作，礼貌待人，提升效率

1月	2月	3月	4月
5月	6月	7月	8月
9月	10月	11月	12月

等级
1 很差
2 较差
3 很好
4 完美

签名

張堅

6S格言：*6S是工厂改善的摇篮！*

车间固化法示例

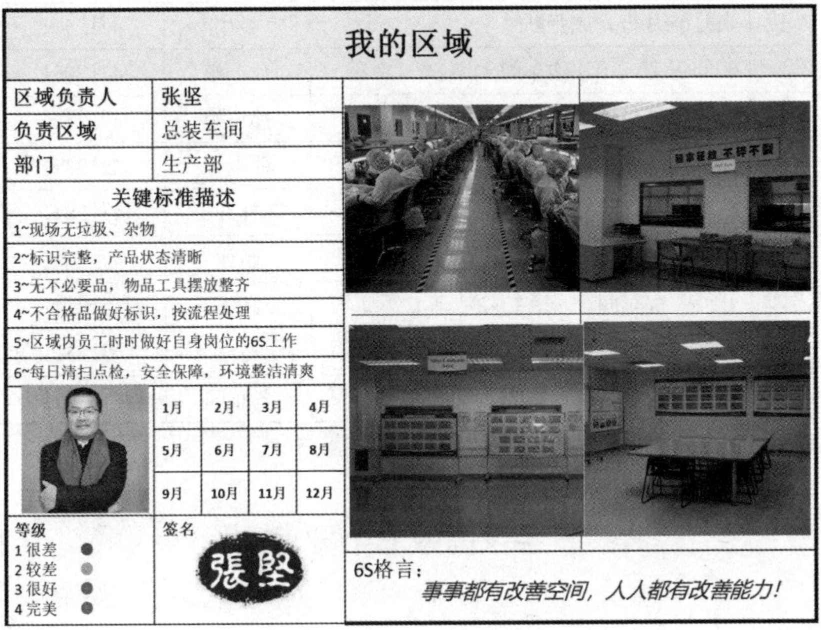

7. 定期例会

以定期召开例会的形式推进6S活动，每周或每月开展一次例会，根据推进进展可适度调整频率。

定期例会的三个注意点如下。

①会前督促相关人员准备好自己的工作汇报；

②每次会议应制定措施并跟进；

③遇到棘手事务，可邀请更高阶管理者或企业负责人参与。

示例：某企业某次定期例会后制定的措施跟进表。

序号	任务/事务	责任人	完成日期
1	当月6S月报完成张贴	吴用	4月25日
2	6S知识考试（注塑车间）	孙二娘	4月20日
3	必要品清单展示（注塑车间试点）	孙二娘	4月23日
4	注塑车间完善标识	孙二娘	4月23日
5	总装车间划线完成	林冲	4月28日
6	6S内训师候选人名单确定	高俅	4月23日
7	开展一次车间全员大扫除活动	高俅	4月25日
8	完成所有办公室固化法	高俅	4月25日
9	周一早会视频上传群内	各车间	4月15日开始

会议高效七个要点

①养成准时的习惯；

②明确会议主题、目的、议程；

③提前通知，附上相关资料；

④控制会议方向，避免走题；

⑤控制时间，确保议程顺利进行；

⑥确保每项议题都有明确结论或说法；

⑦对于确定的任务，明确责任人及时间，并及时跟进。

8.制定铁律

华为基本法奠定了华为高速发展的制度基础；京东公司制定京东十四铁律对防止机构臃肿、官僚主义，提升执行效率起到很大作用，同时塑造了企业务实作风。企业也可以制定自身的6S铁律，确保6S活动长期有效执行。

示例：6S推进十条铁律（原则）

①安全第一原则

安全是企业的底线，所有人员必须遵守各项规范。

②领导带头原则

领导带头做好自身办公室6S，实施固化法。

③ 区域细分原则

所有区域应细分至个人，做到“人人都管事，事事有人管”。

④ 标准管理原则

现场要求必须有相应的标准，员工依据标准开展工作。

⑤ 周周稽核原则

区域自我稽核每日开展，公司层面稽核每周开展，稽核结果及时公示，连续三次垫底者做出检讨。

⑥日事日毕原则

当日事务，当日完成，包括当日生产垃圾清理、报表填写、工作汇报等。

⑦违章必究原则

违反程序规章制度者，必须追责，严重者直接淘汰。

⑧可视化原则

将改善过程、成果、经验、先进事迹等可视化展示出来。

⑨造物育人原则

“造物先育人”，6S活动中，将人的提升放在重要位置，同时在活动中发现提拔人才。

⑩团队自律原则

自律是最低成本的管理，人员自律的同时，发挥团队精神，实现共同进步。

9.编制6S手册

6S手册是一项总集合，是知识、要求、方法、规则的系统化总说明、总呈现。6S手册具有三项功能，第一是执行功能，人员需要按手册要求执行，确保落实不走样；其次是学习功能，人员从中可学到知识与技能；第三是文化功能，6S

手册对长期执行以及塑造6S文化有显著的正面作用。

6S手册并不是凭空产生的，而是6S推进过程的输出。因此，其内容主要由前面讲述的知识、规范与方法组成，包括：①6S基本知识；②可视化要求；③6S推进的方法论；④日常化推进的基本要求等。

示例：6S手册封面及目录

序言

一、6S基本概论

（一）6S的起源

（二）6S的含义

（三）6S的基本口诀

二、6S的日常管理

（一）权限与职责

（二）6S常态化工作要求

三、6S推进的方法论

四、现场划线标识基准

（一）现场划线基准

（二）现场标识基准

五、6S工作的奖惩

公司6S歌

6S誓词

示例：6S手册中日常化工作要求

①每周至少两次现场6S稽核，稽核图片及稽核评分应及时予以公示；

②每月开展一次大扫除活动，大扫除过程图片需存档；

③每月28日前，编制完成并张贴6S月报；

④每季度召开一次6S主题会议；

⑤每年年底对本年度6S工作做一次总结；

⑥每年年底前完成第二年的6S工作规划。

10.制定年度规划

每年年底制定第二年的6S工作规划，确保6S工作有序推进，也便于相关部门了解第二年的工作重点。

某企业的6S年度规划示例

1月	完成6S内部教材；颁布新员工6S教育视频
2月	开展全员安全教育；推进6S成果展
3月	开展6S知识竞赛；可视化看板维护，新看板设计
4月	新一轮6S稽核员竞聘；开展一次管理者清扫活动
5月	开展一次不同区域相互"挑刺"活动
6月	危险源再次评估，并采取相应措施
7月	车间划线维护更新；上半年工作总结
8月	开展一次外出标杆学习；邀请外部老师讲授《6S与精益管理》课程

续表

9月	开展新员工6S知识考试；开展固化法检查活动
10月	开展一次员工访谈；开展6S专题改善
11月	企业硬件设施大检查；完善6S写真
12月	6S优秀员工、区域评选；制定次年工作规划

月历形式的年度规划示例

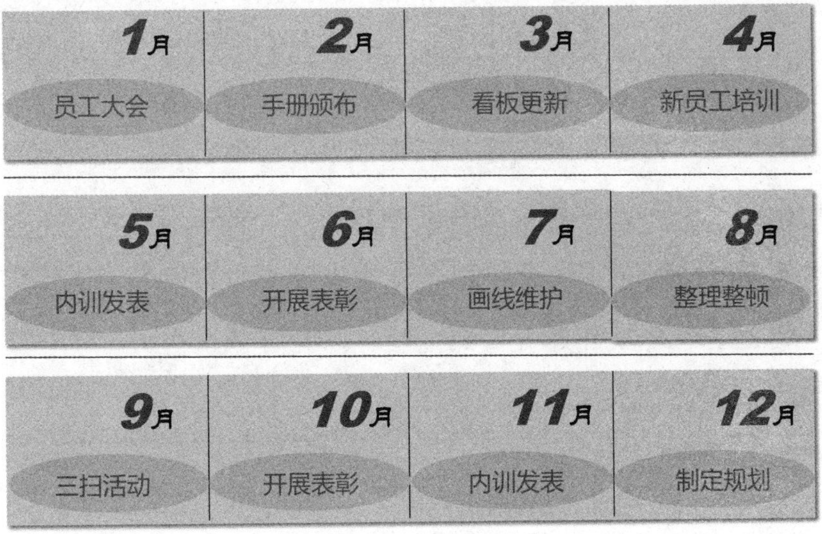

第三节　安全管理的方法

安全是6S中的第六个S，这是在5S基础上加上去的一个S，体现了现代企业对安全的重视。

1. 安全管理的两大法则

安全管理的两大法则分别是墨菲定律与海因里希法则。

墨菲定律讲的是，凡是可能发生的，终究会发生。墨菲定律提醒人们在安全管理中不能存在任何侥幸心理。

> 一位老太太看到一堵墙快要倒了，搬了张小板凳坐在附近，好心提醒路人不要靠近那堵墙。然而，还是有好多人从墙边走过，墙并没有倒。老太太好奇心起，就自己走到了墙边去看，这时，那堵墙真的倒了，老太太被压在了下面，幸亏被及时发现并抢救了出来。老太太一片好心劝说他人注意安全，却忘记了对自己的保护。这就是墨菲定律告诉人们的道理，凡是可能发生的事情，终究会发生。

孟子说“君子不立危墙之下”，讲的同样也是墨菲定律的道理，危墙虽然还没倒，说不定哪天就会倒下来。

海因里希法则讲的是，每一件事故背后暗藏着29件小事故以及300件安全小问题。换言之，每一次事故都是小问题叠加效应的结果，如果平时就能及时消除各类小问题，那么，安全就能得以保障。

海因里希法则冰山图

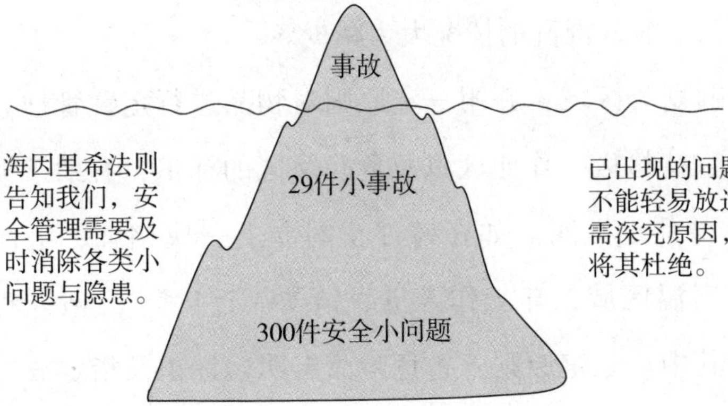

对应于海因里希法则，处理各类小问题时，应遵守“七不放过”要求，即：①找不到问题的根源不放过；②找不到问题的责任人不放过；③找不到问题的解决办法不放过；④改进方法落实不到位不放过；⑤问题责任人和员工没有受到教育不放过；⑥没有长期的改进措施不放过；⑦没有建立档案不放过。

2. 5S对安全的作用

5S创立之初的目的就是保障安全，当时有一句名言：“安全始于整理整顿，而终于整理整顿。”

现场越是混乱，安全隐患越多。5S中的每个S对安全管理都有显著作用，我们逐一进行解析。

整理区分要与不要，将不要的物品处理掉，工作场所变得清爽时，安全性也大为增加。经过整理，现场私拉乱接、用途不清、一片混乱的情况大为减少。

整顿划分区域，并用三定原则对物品进行定置管理。合格品区、待检区、作业区以及危险品区的标识，有助于提醒人们不要乱走乱闯。如在铸件车间立上一块铭牌，上面写着："高温区域，非工作人员，请勿靠近！" 一般人将不会误闯其中。三定原则下，危险品有明确标识及指定放置位置，因为有严格的隔离与领用制度，一般人也难有机会暴露在危险品的环境中。

清扫中有三扫，分别是扫黑、扫漏、扫怪。清扫不仅是扫除脏污，同时也是扫除漏水漏电漏气以及其他各种异常状况。清扫在扫除脏污的基础上进行点检，发现并消除各种微缺陷和异常状况。做好这一点，一定程度扫除了危险源，这是清扫在安全管理方面的重要作用。

清洁指制定并完善各种制度，其中包括了安全制度或专门针对安全进行的检查。

素养意味着人们具有良好的安全意识，同时养成了遵守制度包括安全制度的习惯，因此素养对安全管理同样有明显的促进作用。

示例：某企业五严禁五必须

安全五严禁	安全五必须
严禁违章作业； 严禁在禁火区域吸烟、动火； 严禁在上岗前和工作时间饮酒； 严禁擅自移动或拆除安全装置和安全标志； 严禁擅自触摸与己无关的设备、设施。	必须遵守厂纪厂规； 必须了解本岗位的危险危害因素； 必须正确佩戴和使用劳动防护用品； 必须严格遵守危险性作业的安全要求； 特定岗位必须持证上岗。

3. 危险源识别管控

企业职工伤亡事故通常可分为20个种类，如下表。

01 物体打击	02 车辆伤害	03 机械伤害	04 起重伤害
05 触电	06 淹溺	07 灼烫	08 火灾
09高处坠落	010 坍塌	011 冒顶片帮	012 透水
013 放炮	014 火药爆炸	015 瓦斯爆炸	016 锅炉爆炸
017 容器爆炸	018 其他爆炸	019 中毒和窒息	020 其他伤害

注：冒顶片帮指煤矿、涵洞、隧道作业中，因支护不当，导致顶部或侧面垮塌造成人身伤害。

危险源识别，是指将所有可能造成人身伤害的因素识别出来，制成表格，同时，依据发生事故的可能性、人与之接触的频繁程度以及可能造成的伤害程度这三个因素进行综合评估，根据评估结果，采取相对应的措施。

发生事故的可能性（Likelihood，简写L）的评分标准为：

10	肯定会发生
6	相当可能
3	可能有，但不大

续表

1	可能小，存在意外
0.5	基本不可能
0.2	极不可能
0.1	实际上不可能

一件再危险的事，如果人不与之接触，那么等于危险性得到了消除。比如悬崖边行走很危险，人掉下去这件事相当可能发生，但如果人不去悬崖边，那么等于没有从悬崖上掉落的危险。因此，人与之接触的频繁程度同样是危险源识别中的一个重要因素。

人与之接触的频繁程度（Exposure，简写E）的评分标准为：

10	一直暴露其中或与之接触
6	每天工作时间内暴露其中或与之接触
3	每周一次，偶尔暴露或与之接触
2	每月一次
1	每年几次
0.5	极少、罕见的机会

可能造成的伤害程度（Consequence，简称C）的评分标准为：

100	大灾难，众多人死亡
40	灾难，数人死亡
15	非常严重，一人死亡
7	严重，重伤
3	一定程度严重，伤残
1	一般性的小事件

造成的伤害程度是最受关注的一个因素，因此其分值高。

D（Danger，危险性）=L × E × C，其最大为10000，最小值为0.05。这是一种量化的危险源危险性评估方法，称为LEC评估法，由美国安全专家K.J.格雷厄姆和K.F.金尼提出。

根据LEC三个因素评分的乘积D的不同数值，需要采取相应的措施，以将危险控制在一定范围内。

依据D的数值，需要采取的对应措施如下。

>320	极其危险，立即封停
160 ~ 320	高度危险，需立即整改
70 ~ 160	显著危险，需要整改
20 ~ 70	一般危险，需要注意
<20	可以接受的风险

某车间有一处没有围栏保护的高处作业平台，L评分为6（人相当可能掉落下去），E评分为6（有员工每天在上面作业），C评分为7（严重，重伤），因而D的数值为252，属于高度危险项，需立即整改。

车间加装牢固的围栏，同时张贴“不得从围栏上探出身子”的安全告示，再次评估此危险源，L评分为0.2，其他两项分值不变，得出的D数值为21，属于需要注意的危险，可以开展作业。

运用LEC方法评估并管控危险源的步骤：

①识别出危险源；

②进行LEC评估，三者相乘得出D值；

③凡D值超过70，需进行整改；

④对整改后的危险源再次评估，直到其D值降到70以下；

⑤如场所内设施发生变化，如增添或减少设备，需再次评估危险源；

⑥每年至少开展一次对所有危险源再次评估的工作，因为存在设备老化或场景发生变化的状况。

4. KYT安全管理方法

KYT安全管理方法来自日本，由日本住友金属工业公司最早提出。KYT为Kiken（危险）、Yochi（预知）、Training（训练）三个单词的首字母，意思是“危险预知训练”。

在已发生的危险事件中，有不少是因为“人们不知道这是危险的”而引起。我们经常看到这样的新闻：有人将小孩独自放在家里，小孩爬出窗户从高楼坠下，幸好被楼下的人接住；有人花高价买了所谓的能量石盘挂在胸前，导致流鼻血，后经检测发现，该石盘辐射超标一百多倍；有人在野外误食蘑菇中毒，因为当事人并不知道蘑菇是有毒的。这些状况的发生，都是由于“人们不知道危险”而引起；如果事先能知晓，这类事件就不会发生了。

“危险预知训练”就是让人们知晓危险所在，从而能够避开或更好管控这些危险。危险预知训练有三种做法。

①组织员工对危险源进行识别

员工对现场最为熟悉。将员工组织起来，探寻现场的危险源，并观察现有方式是否起到良好管控作用，这种方式既使员工对现场潜在的危险有所了解，同时通过必要的整改，使得危险源危险性降低。

②模拟感官刺激

曾有试验让男士感受女士分娩时的模拟疼痛，经过模拟试验，男士纷纷表示，没想到会这么疼。KYT训练中，在确保安全的前提下，设置一些如夹痛、电痛等模拟装置，让员工感知到如果不当作业，会招致数倍的痛苦，从而使作业人员谨守规范，不敢擅自妄为。

③对“吓一跳事件”的处理

如海因里希法则描述，安全事故都是由小问题引起的。工作中，会有一些“吓一跳”的事件，如差一点滑倒，差一点掉下去，差一点触电，这类“令人惊吓”的事件虽然没有造成人身伤害，但足以说明这是潜在的危险因素。不少企业对这类“吓一跳”事件的态度是“还好，没造成伤害”，也就不了了之，但这样一来，隐患依然存在。正确的“吓一跳”事件处理方式为，绝不放过改进的机会，以免酿成大错。每一个“吓一跳”事件都需详细记录事件发生过程，并采取措施，从而使得此类“吓一跳”事件不再发生。“吓一跳”事件的处理最终要形成报告，报告格式如下。

<table>
<tr><th colspan="4">吓一跳报告</th></tr>
<tr><td>事件描述</td><td colspan="3"></td></tr>
<tr><td>当事人</td><td></td><td>岗位</td><td></td></tr>
<tr><td>何时发生</td><td></td><td>何地发生</td><td></td></tr>
<tr><td>事件分类</td><td colspan="3">□ A类　□ B类　□ C类</td></tr>
<tr><td colspan="4">措施跟进过程：</td></tr>
<tr><td>当事人确认</td><td></td><td>安全部门确认</td><td></td></tr>
<tr><td colspan="4">注：
A类事件指可能带来重大安全事故，需制定根本性措施；
B类事件指可能造成一定人身伤害，需制定必要的措施；
C类事件指造成工伤可能性很小，但必须通过一定途径让大家都知道，引起注意。</td></tr>
</table>

5. 指差确认

指差确认同样来自于日本，也称为“指差唱和”，是一种“强意识”、提升精神状态、促进安全的管理方法。

具体操作为，人们做一项工作时，需要手指着对象物并从嘴里喊出来，确认安全状态。日本有数据表明，假定什么都不做的情况下危险发生概率为1,那么又指又说的情况下危险发生概率将降为1/6。

地铁司机在地铁站启动地铁前，需站在驾驶室外，看着每一节车厢进行指差确认：“所有车厢已关闭，可以启动。”说完再走进驾驶室开始驾驶。因为地铁司机日复一日地工作，其意识处于“较低”状态，存在想当然的做法。通过手指嘴说的行为，提升了意识与精神状态，犯错几率大为降低。

企业实施“指差确认”安全管理时，需要明确指差确认的场景或场所，如车间内行走到特定位置时、车间吊车下的作业、叉车启动前的作业、设备维修时的作业。

6. 安全的防呆方法

防呆法是运用一定的方法或装置防止或减少人为错误的

一种管理工具。安全事件常常由人为错误造成，因此运用好防呆法，一定程度上可以减少安全事件。

防呆法有十大原理，分别是断根原理、保险原理、自动原理、相符原理、顺序原理、复制原理、层别原理、隔离原理、警示原理、缓和原理。实施防呆法时，可以从十大原理或参照现有案例展开。

防呆法中对安全起作用的主要有保险原理、自动原理及警示原理。所谓保险原理，即增加一套动作或装置作为保险，或者由两套动作组合在一起方可完成作业作为保险。

案例1

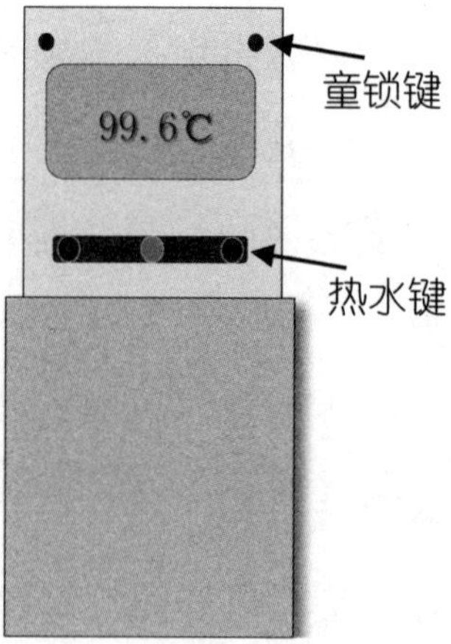

有一次，我去一家企业的茶水间倒热水，按热水键，水就是出不来，正疑惑时，旁边走过来一个人告诉我如何使用热水器。原来热水器有一个防呆装置，必须先按一次热水器上方的童锁，再按热水出水键，热水才会出来。小孩子个子小，够不着上方的童锁，即便因为玩耍碰到热水键，也不会被烫伤。这种增加了“童锁键”的方法就是保险原理。

案例2

原先的冲床作业，员工按下启动按钮时，极易因为疏忽大意，手伸到冲头下面，导致手被冲伤。后来的冲床加入了防呆方法，增加了一个启动按钮，双手必须同时按在两个启动按钮上且不松开，冲床才会作业，避免了员工手被冲伤的可能。

冲床手指被冲伤的危险消除

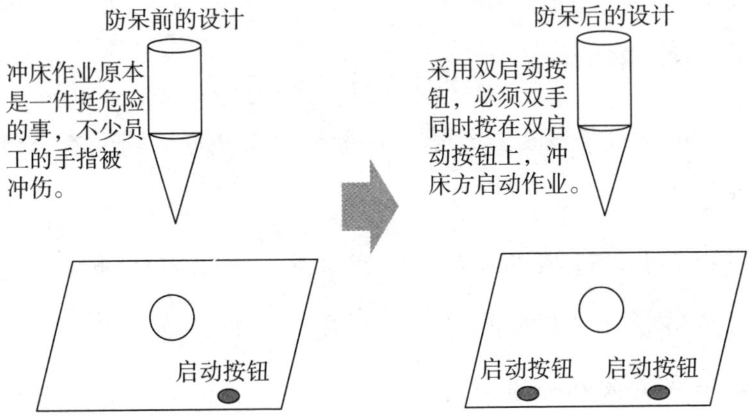

所谓自动原理，指运用光电、浮力、传感器、计时器等技术进行动作的控制或检测。

案例3

光栅检测示意图

设备光栅检测

“消除冲床手指被冲伤的危险”案例采用了“双按钮”的保险模式。然而，人们不能满足于这种做法。假定有人（比如学徒）在旁边观看，不小心将手伸进冲头下面怎么办？现在的解决方案是，利用自动原理的“光栅检测”。设备作业时，光栅启动作业，一旦探测到光栅被挡（手或者物品伸入设备），设备自动停止，从而进一步加强设备的安全性能。现在机床等设备大多安装有这种装置。

案例4

被子断针检测

一次拜访棉被生产厂家，得知棉被下线包装前，有一道非常重要的工序，就是被子断针检测。

被子生产过程中有各种缝纫工序，如果有断针掉在被子中，被消费者买到使用是一件极度危险的事情，因此，每一床被子包装前都必须经过断针检测设备的检查。其原理与金属探测器一样，一旦发现被子中有金属，报警。

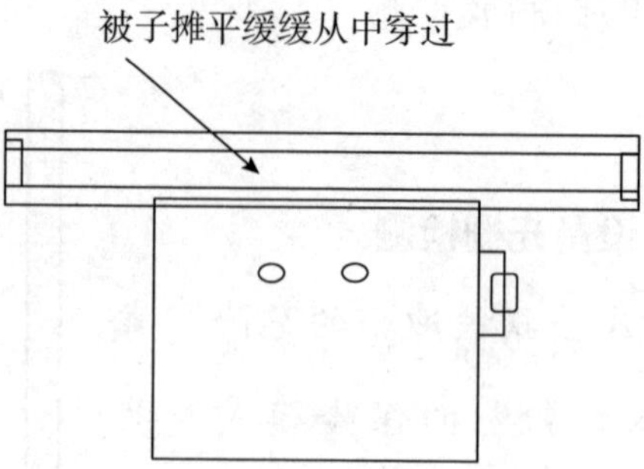

被子断针检测机示意图

防呆法中还有一个原理常用于安全案例，就是警示原理。探测到问题发生时，立即以光电声音形式报警，提醒人们及时离开或采取措施。警示原理常与保险原理、自动原理结合在一起运用。

案例5

汽车座椅未系保险带报警

当汽车座椅上的重力传感器感知到座椅上的重力超过一定阈值（设定一定阈值是考虑座椅上会放置物品，以免造成误报警），同时感知到保险带未系上时，发出报警声，同时仪表盘灯闪烁。当乘坐人员系上保险带后，警示消失。

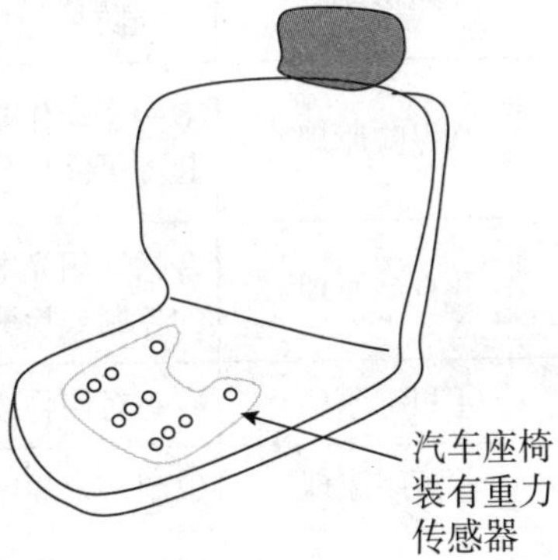

案例6

烟雾报警器

烟雾报警器是宾馆等公共场所常用的报警装置。

当一定浓度的烟雾被报警器探测到时，烟雾报警器开始报警，警示人们赶紧采取行动。

某些烟雾报警器报警时还会同时触发喷淋装置，洒水灭火。

这里附上防呆法十大原理的简要说明，以便读者后续深入学习。

防呆法十大原理简要说明

原理	概念
①断根原理	消除错误的根源，使得错误无从产生。断根原理属于“强防呆”。
②保险原理	多一套动作或装置作为保险，或者由两套动作组合在一起方可完成作业作为保险。
③自动原理	多指运用光电、浮力、传感器、计时器等技术进行动作的控制或检测。
④相符原理	有一对照物或基准作为对照依靠，确保不会犯错。
⑤顺序原理	编制一定顺序，防止混淆或遗漏。
⑥复制原理	俗话说“依葫芦画瓢”，照样子复制，以提升效率，防止出差错。
⑦层别原理	主要理念等同于6S管理中的第二个S整顿，即分区分类标识。
⑧隔离原理	彻底将不同类别隔离开来，防止弄错或造成危险。
⑨警示原理	通常指问题刚刚出现时，探测到之后立即报警，使得人员第一时间采取相应措施，防止问题蔓延。
⑩缓和原理	当问题发生时，延缓其速率或一定程度降低其造成的损失。

7. FMEA技术

FMEA是汽车制造业常用的一个工具，全称为Failure Mode & Effect Analysis，即失效模式及影响分析。

FMEA的本意并不是为了安全，其主要目的为了防止产品质量失效，但是，质量失效中包含了安全问题。

FMEA主要分为设计FMEA及过程FMEA。

设计FMEA主要从材质、结构等方面考虑失效问题，如材质强度是否足够，结构是否合理等。

宜家立柜事件

宜家立柜事件就属于产品设计缺陷。儿童由于好奇心打开一个个抽屉，并站在抽屉上往上爬，导致立柜倾翻，儿童被压在立柜下。

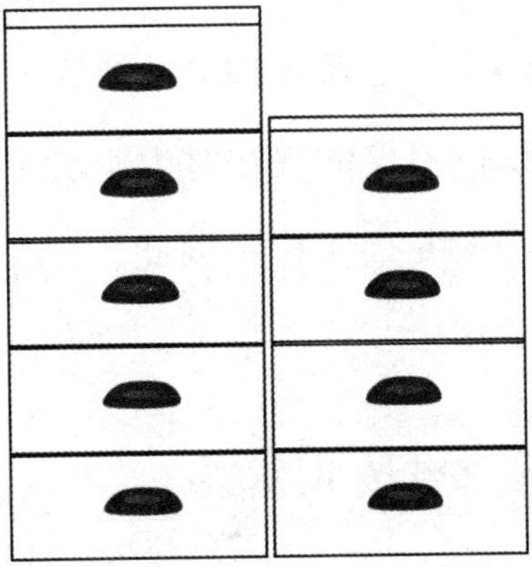

如果事先进行设计FMEA分析，改变产品结构，这一事件原本或许可以避免。

过程FMEA主要考虑生产过程中是否会造成失效问题，比如安装中少装一颗螺丝导致松动会引起安全问题。

FMEA与LEC评估法相似，采用打分法，主要从三个方面进行打分，分别是严重度（发生时后果的严重程度）、频度（可能发生的频率）、探测困难度（发生时是否容易探测到），每项1到10分，三者乘积为风险数值。当风险数值高于约定数值时，必须采取措施来降低风险。

FMEA的优势在于其系统性。以过程FMEA举例，依照生产流程图，每一流程包括其中的每一个作业细节都需要分析到。FMEA的另一个优势在于其预防性。产品尚未生产前，就要开展FMEA分析。

FMEA对安全的促进作用体现在，一旦识别出的是安全问题，严重度即评为10分，属于必须整改项。FMEA的安全价值不仅体现在对生产员工安全的保护，同时考虑到最终用户的安全保护。因此，FMEA同样是安全管理中的一个重要工具。

8. 安全专项稽核

安全专项稽核指制定稽核标准，开展安全方面的专门稽核（检查），查看有无疏漏或不到位之处，并开展相应整改。

下表为供参考的安全稽核表。

序号	类别	打分	评估标准
1	危险源识别	0	无任何危险源识别
		1	有初步的危险源识别
		2	危险源识别形成书面文档
		3	所有“吓一跳”情景纳入到了危险源识别
		4	针对危险源及防控措施对员工进行了充分教育
2	防控措施	0	无防控措施
		1	有一定的防控措施
		2	针对危险源已进行等级分类，据此制定相应措施
		3	所有危险源都有完整的防控措施
		4	主要危险源及防控措施已可视化展示
3	特种设备管理	0	未识别企业内特种设备的危险性
		1	已对所有特种设备（锅炉、压力容器、压力管道、电梯、起重机械、叉车、安全附件及安全保护装置等）按规定登记，建立档案
		2	所有特种设备已建立起有效的维护保养和自检制度，并由特种设备检验检测机构定期检验
		3	所有特种设备维护良好，如电梯有定期检测，电梯内贴有突发事件处理及联系方法、电梯不得超载、货物电梯严禁载人等标识；压力容器：本体、接口、焊接接头等部位无裂纹、变形、过热、泄漏、腐蚀现象，相邻管件或构件无异常振动、响声或相互摩擦等现象；工业气瓶：气瓶入库和发放实行登记制度，在检验周期内正确使用
		4	特种设备操作人员都经过严格训练考核，并持证上岗

续表

序号	类别	打分	评估标准
4	用电安全	0	存在私拉乱接现象
		1	不存在任何私拉乱接现象
		2	车间开关良好，不漏电，有必要的防护罩；电线布线合理，一律装在线槽或线管内，未见可飘动电线；电线一律不得铺在地面，露空的电线不得有接头
		3	电气设备的金属外壳、底座、传动装置、金属电线管、配电盘以及配电装置的金属构件、遮拦和电缆线的金属外包皮等，均应采用保护接地或接零；低压电气设备非带电的金属外壳和电动工具的接地电阻，不应大于4Ω
		4	用电安全已覆盖每一个角落，包括宿舍、食堂、门卫等
5	前5S管理	0	尚未推动5S管理
		1	已初步推动5S管理
		2	已较好地推动5S管理
		3	已能有效借助于“整理、整顿、清扫、清洁、素养”等要素来加强安全的管控
		4	员工接受过良好的5S教育，已充分认识到5S对安全的重要性
6	作业安全	0	尚未意识到某些作业动作对安全的危害
		1	已初步识别生产中的危险作业
		2	已运用FMEA或类似手段，分析作业中影响安全的要素
		3	已运用诸如防呆法等装置来确保作业安全
		4	已将作业安全纳入到作业指导书中，且得到严格执行

续表

序号	类别	打分	评估标准
7	可视化	0	无安全生产可视化
		1	有部分安全可视化，但内容未及时更新
		2	警示标志运用得当充分；每个车间及办公等区域都可见安全可视化内容
		3	安全可视化内容全面包括危险源、防控措施、考核内容及结果等
		4	安全可视化内容给员工“一步惊心”的视觉效果
8	安全教育	0	无系统化的安全教育
		1	安全教育内容是员工手册中的一部分
		2	早会时，班组长会及时传达安全教育及安全防范信息
		3	企业或每个区域配置专门安全员，且管理者无任何逾越安全规则进行指挥的事例发生
		4	已将“安全生产”教育口诀化，所有员工都经过安全培训及相关考核
9	稽核与整改	0	无有效的自我稽核
		1	有不定期的自我稽核
		2	能有计划地跨部门稽核
		3	稽核常能发现潜在的问题，稽核结果被记录并被有效跟踪
		4	稽核发现的问题被有效整改，并被记录在档
10	安全台账	0	安全台账较为零星
		1	安全台账缺乏及时更新
		2	安全台账全面包括职责、消防、特种设备、国家相关标准、安全记录、整改措施等
		3	安全台账已电子化，便于查阅
		4	安全台账已结合可视化及安全教育，且证明企业安全管理效果极好且能一直保持

第四节　6S推进的注意事项

1. 推进方法的汇总说明

前面讲解了很多6S推进方法，包括可视化呈现方法（六种）、初期推进方法（六种）、中后期推进方法（十种）、安全管理方法（八种），共计三十种方法，这里作一个汇总，以便于更好查阅及运用。

6S项目型阶段方法汇总

分类	序号	推进方法	说明	重要性
可视化方法	1	划线方法	制定划线基准并实施	☆☆☆☆☆
	2	标识方法	制定标识基准并实施	☆☆☆☆☆
	3	6S知识宣传看板	展示6S知识信息	☆☆☆☆☆
	4	其他管理类看板	精益生产、现场管理、班组、标语挂板等	☆☆☆☆☆
	5	职责类可视化	将岗位职责可视化展示出来	☆☆☆
	6	要求基准可视化	工作台必要品清单、办公物品配置清单；会议室清扫要求、洗手间清扫要求等	☆☆☆☆

续表

分类	序号	推进方法	说明	重要性
初期推进活动	7	启动大会	宣告改善启动，推进小组亮相	☆☆☆☆
	8	全员培训	针对全体员工展开6S理念知识培训	☆☆☆☆☆
	9	订立推进程序	明确职责及奖惩规则等	☆☆☆
	10	自查问题点	培养员工问题意识，自己查找现场的问题点	☆☆☆
	11	管理者清扫	管理者亲临现场，开展清扫活动，起示范带头作用	☆☆☆☆
	12	6S知识考试	以考试形式，使员工掌握知识并重视6S活动	☆☆☆☆☆
中后期推进的方法	13	现场稽核	依据标准进行现场检查，发现问题点，促进改善	☆☆☆☆☆
	14	红牌作战	可与现场稽核配合进行，针对顽疾或安全隐患	☆☆☆☆
	15	6S月报	每月刊发反映6S进展过程、人物风采的月报	☆☆☆☆
	16	员工访谈	通过访谈了解员工心声	☆☆☆
	17	我的6S观	展现员工质朴、真实及积极的想法，鼓舞全体人员	☆☆☆
	18	固化法	将改善成果固化下来	☆☆☆☆
	19	定期例会	以例会形式推进6S活动进展	☆☆☆☆☆
	20	制定铁律	铁律是必须遵守的原则	☆☆☆☆
	21	编制6S手册	6S手册是6S知识、要求、方法、规则的系统化的总说明、总呈现	☆☆☆☆☆
	22	制定年度规划	对第二年6S工作的规划，使工作有聚焦，保持持续性	☆☆☆☆

续表

分类	序号	推进方法	说明	重要性
安全管理的方法	23	安全管理的两大法则	墨菲定律与海因里希法则，因为这两个法则属于安全管理的基础性理念，所以也当作了方法之一	☆☆☆☆☆
	24	5S中的安全	前5S中每个S对安全都有显著的促进作用	☆☆☆☆☆
	25	危险源识别管控	识别出危险源，并予以管控，具有系统性	☆☆☆☆☆
	26	KYT安全管理方法	危险预知训练，日式安全管理方法	☆☆☆
	27	指差确认	特定场景下，需要以手指并口喊的形式，降低犯错几率	☆☆☆
	28	防呆方法	运用防呆方法杜绝或减少人为失误	☆☆☆☆☆
	29	FMEA方法	潜在失效模式及影响分析，围绕产品设计与生产展开，具有预防性及一定的系统性	☆☆☆
	30	安全专项稽核	运用稽核标准对现场安全事项进行检查	☆☆☆☆☆

上述三十种方法依据重要性（兼顾适用性），被划分为五星、四星及三星方法，五星代表着必须实施，四星代表着强烈推荐实施，三星代表着依据具体情况灵活运用。

6S达到一定水准后，其中的大多数方法需要保持运用或稍作调整，以保持6S状态以及不断创新进步。对6S的日常化推进，三十种方法的运用说明如下。

6S推进方法日常化阶段运用说明

序号	推进方法	说明
1	划线方法	重点在于维护；根据现场反响或需求，对划线标识进行添加或调整
2	标识方法	
3	6S知识宣传看板	维护并设计新的内容
4	其他管理类看板	
5	职责类可视化	职责可视化范围可适度拓展
6	要求基准可视化	可扩展到更多场景
7	启动大会	以员工大会形式继续开展，如半年或一年一次，汇报成果，讲述新要求，鼓励接受新挑战，邀请员工代表发言
8	全员培训	针对新员工展开，编制企业内部教案，并拓展到其他方面的培训，如质量培训
9	订立推进程序	转化为“日常化6S工作推进”要求
10	自查问题点	可不定期举行
11	管理者清扫	可经常性实施，以鼓舞士气，体现现场主义
12	6S知识考试	主要针对新员工举行
13	现场稽核	保持，可适度调整频率
14	红牌作战	保持，促进现场细节完善
15	6S月报	长期保持，展示成果与人物风采，构建“防波堤”；必要时可对6S月报格式做出调整
16	员工访谈	偶尔开展，或在推行其他改善时开展员工访谈
17	我的6S观	偶尔开展
18	固化法	维持，或更新固化标准
19	定期例会	保持，可适度减少频率，如每月改为每两个月一次
20	制定铁律	遵守，必要时更新
21	编制6S手册	必要时更新版本
22	制定年度规划	保持，每年年底制定第二年规划

续表

序号	推进方法	说明
23	安全管理的两大法则	长期推进。其中常用方法为两大法则、5S中的安全、危险源识别管控、防呆方法、安全稽核。其他方法为参考选用。
24	5S中的安全	
25	危险源识别管控	
26	KYT安全管理方法	
27	指差确认	
28	防呆方法	
29	FMEA方法	
30	安全专项稽核	

2. 人是最大的阻力或助力

人是推进6S的关键因素。人员如果消极敷衍，那么改善就难以推进，即便强压之下取得进展也难以保持。某种意义上讲，改善就是要激发出人们心中的善意，一旦善意被激发出来，运用适当方法，推进工作将呈现“百舸争流千帆竞”的情景。

《海底捞你学不会》一书中这样描述：“一个个鸡毛蒜皮的创新（改善），就是海底捞员工每天做的一件件小事。独立看起来，都微不足道。可是一万个脑袋天天想着做这些事，同行就很难和海底捞竞争。”这就是善意被激发出来的改善情景。

改善包含三层含义，①全员参与；②低成本开展；③持续推进。

改善的三层含义

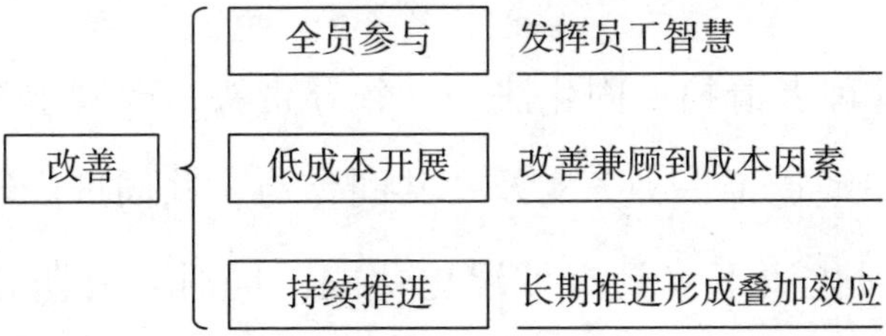

日本质量大师石川馨博士曾梳理出关于改善的各种阻力，其中典型的有以下七种。

改善的七大阻碍

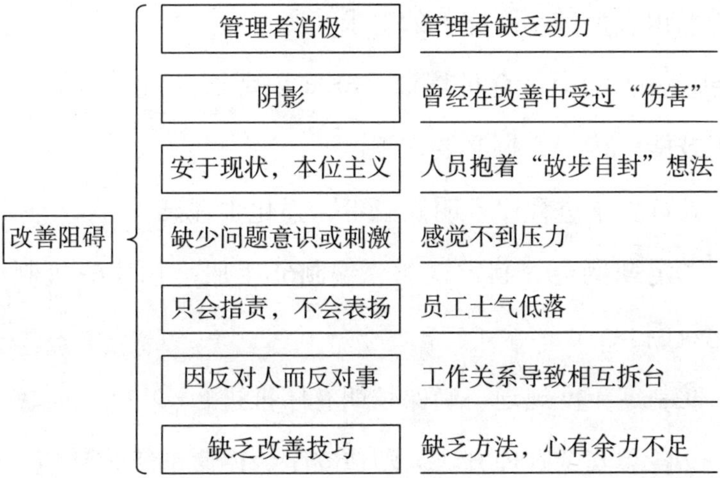

因此，在改善中必须注重人的培育以及文化氛围的构建，将人的影响从“阻力”转变为“助力”。6S推进的三十

种方法，对人的培育或文化构建基本都能起到作用。

①各类可视化呈现方法。制度使人不敢犯错，文化使人不愿犯错。可视化不仅传递信息与要求，同时也塑造了文化。

②管理者清扫、固化法。“领导带头，改善不愁”，管理者清扫塑造了一种务实及“共同参与，共同进步”的企业文化。固化法不仅具有可视化功能，同时具有防止退化的作用。

③员工访谈、我的6S观。了解员工心声，调整实施对策，以员工积极观点激励员工。

④自查问题点、现场稽核、红牌作战。引入刺激，提升问题意识，促进不断完善的追求。

⑤员工大会、全员培训、6S知识考试。宣传造势，提升员工技能，确保掌握必要知识。

⑥订立推进程序。明确职责，强化责任感。

⑦定期例会、制定铁律、编制6S手册。构建6S机制以及文化氛围。

⑧制定年度规划。确保长期有序推进。

⑨各类安全管理方法。塑造安全、温暖的工作环境。

掌握方法论，不是为了“炫技”，而是遇到问题时能对症下药予以化解，或提升推进的有效性。实施这些方法，能始终让员工参与，体现了对员工的尊重与体贴，并让员工始终有所学、有所感悟、有所提升。

6S推进的各种方法，最终构建了改善推进的铁三角。

改善推进铁三角

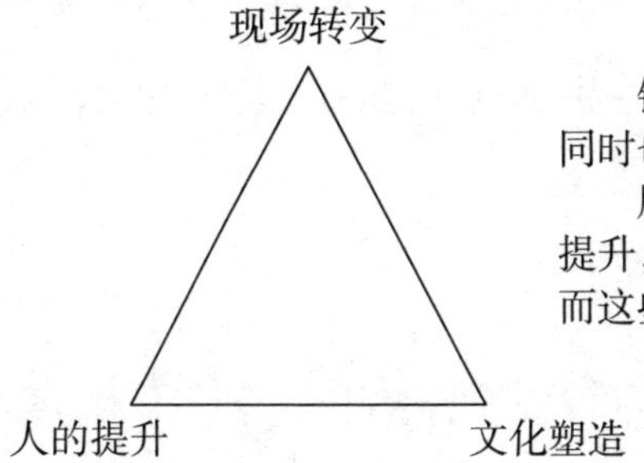

铁三角既是推进的保障因素，同时也是改善推进的成果与收获。

所有企业都希望内部人员有所提升，能够构建正向的改善文化。而这些是可以从6S改善活动获得的。

改善推进铁三角，可以获得改善三层含义所定义的内容，即全员参与、低成本开展与持续推进。

3. 6S推进注意事项及七个步骤

6S推进十点注意

①掌握6S知识与方法	②建立推进小组，领导适度参与进来
③尽量制定一个规划	④制定一定的规则或标准
⑤运用一定的方法或技巧	⑥选择一个负责的推进者
⑦及时总结与展示	⑧某些活动长期化
⑨不过度依赖奖励	⑩赢得外界的赞誉

（1）掌握6S知识与方法

6S的组织者或核心人员，必须掌握6S知识与方法。若缺乏知识，难以设计出具有内涵的可视化看板，无法推进内训工作或给员工出题考试等一系列工作。缺乏知识意味着难以服众，员工会觉得组织者自己都不懂6S管理，如何带领我们推进。缺乏知识同时意味着别人无法从中学到知识，获得提升。

> 一次拜访一家企业，工厂厂长对我说："6S不就是做了什么就要写下来形成记录吗？"厂长的这个问题说明他对6S几乎一无所知，如果让他来带领大家推进6S，又怎么可能成功。他讲的是ISO质量体系的要求，而且是以前版本的要求。

方法论可以有效解决问题，而不依赖一时的热情。一时热情始终无法延续，这也是很多企业6S推进中途被迫停止的原因。方法论不仅可以解决石川馨先生提到的"改善缺乏技巧"问题，同时也可消除其他的改善阻碍。

（2）建立推进小组，领导适度参与进来

晁盖能够智取生辰纲，与他有一支团队分不开。因为有团队，上梁山时，林冲将头领之位让给了晁盖。改善也是一样的道理，需要借助于团队的力量推进。

唐僧能够取经成功，与关键时刻如来观音的出手相助分不开。企业领导如果没有直接加入到推进小组，则需要关注推进小组的工作进展，必要时出手相助。

某项目6S改善项目小组构成

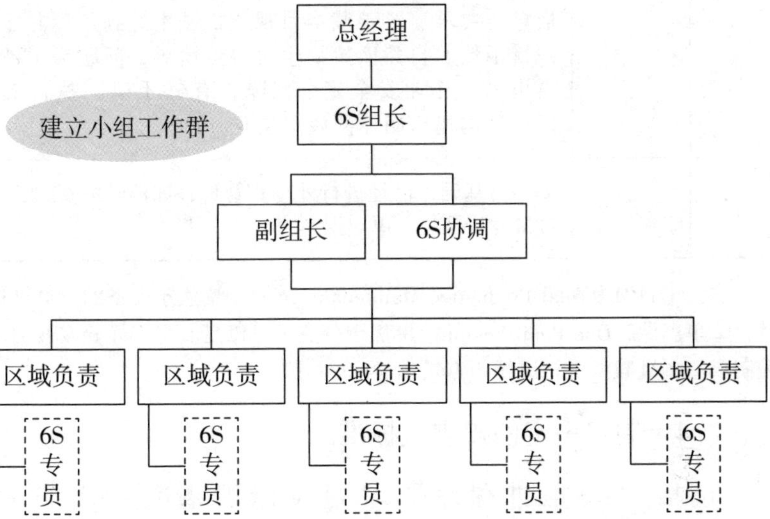

（3）尽量制定一个规划

规划元素包括：①打算将6S做成什么样子；②推进过程中的步骤；③时间跨度。

6S推进的目标较难量化，但可以将6S分成不同的等级，评估现有等级，同时明确需要达到的等级。

下表将6S分为五个等级，分别是初始级、明亮级、标准级、目视级、外延级。如果企业现状连初始级都达不到，那么可划归为零级。

6S的五个等级

一	初始级	有基本的区域及物品标识，无杂乱现象。
二	明亮级	工作现场明亮、清晰、有序，员工接受过6S培训。
三	标准级	有一定的机制或标准确保6S持续开展；人员具有一定精细化与改善意识；6S工作有一定的规划。
四	目视级	信息、要求、改善基本目视化，基本达到条理井然、一目了然、自然而然，生机盎然境界；问题易于被暴露出来，作业安全完全保障；有6S手册，执行效果好；已构建出明显的改善文化。
五	外延级	6S作为基础，已经进行外延式管理，如消除浪费、TPM、防呆法、单点课教育等。

注：①TPM为Total Productive Maintenance缩写，聚焦于设备的全员维护活动；②单点课，One Point Lesson，聚焦于一点（可以是心得、经验或教训），编制成一页纸教材进行讲解的方式。

（4）制定一定的规则或标准

包括“6S推进程序”“划线标识基准”“安全规则”“岗位职责”等，制定规则或标准，是让员工行为有参照的基础，并避免“从头到尾都是零星或碎片化要求”（这样的要求临时有效，却无法促进长久进步）的状况。

（5）运用一定的方法或技巧

方法能有效解决问题，同时让员工有所学，有所提升。很多改善方法是相通的，不仅可以用于6S改善，同时可用于质量改善或精益改善。员工掌握了这些方法，也是为后续的其他改善做好了准备。

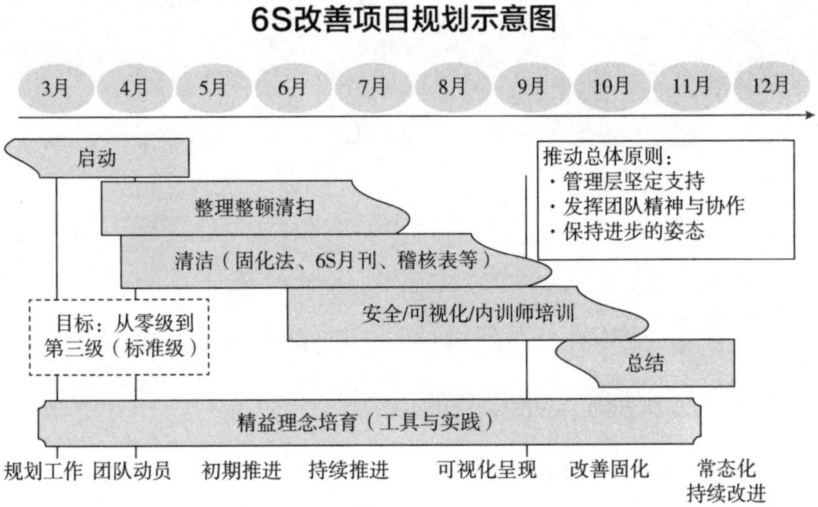

（6）选择一个负责的推进者

无论推进小组组长还是6S协调者，必须具有责任心。试想一下，如果推进者自己消极推诿，不仅不能起到推动作用，事实上还会成为推进过程中的明显阻碍。

> 笔者曾遇到一家企业的6S推进者，整天抱怨“6S肯定搞不好的”“以前搞过，没成功呀”，这样的人被任命为6S推进者，领导应承担很大责任，这是明显的用人不当。

笔者也曾遇到另外一家企业的6S推进者，认真负责，及时完成诸如6S月报、现场稽核、看板更新等工作，还善于激励他人，这样的6S推进者无疑是保障企业6S工作有效推进的一股重要力量。

（7）及时总结与展示

及时总结与展示，会让员工有一种被尊重与体贴的感受。人们看到实实在在的进展，看到自己及同事的努力变成了成果，会更加坚定推进6S的信心。

（8）某些活动长期化

人们跑步跑了几年，坚持下来就形成了习惯。6S某些活动需要长期化，不能搞了一段时间就停掉。举个例子，每月月底开展一次大扫除，坚持得久了，会慢慢形成习惯。

（9）不过度依赖奖励

奖励当然是好的，但不能过度或泛滥。因为很多事务（包括改善）属于本职工作，如果人们产生奖励依赖症，不奖励就不改善，就不太好了。

（10）赢得外界的赞誉

获得外界赞誉，可以增强员工的信心与荣誉感。丰田公司每年会迎接大量的外来参观者，这些参观者的赞誉无疑给丰田公司员工带来了骄傲与荣誉感。

6S项目型改善推进可分为七个步骤，分别是：①规划工作；②团队动员；③初期改善；④推进规则化；⑤持续推进；⑥可视化呈现；⑦改善固化，而后进入“日常化”推进阶段。

推进6S的七个步骤

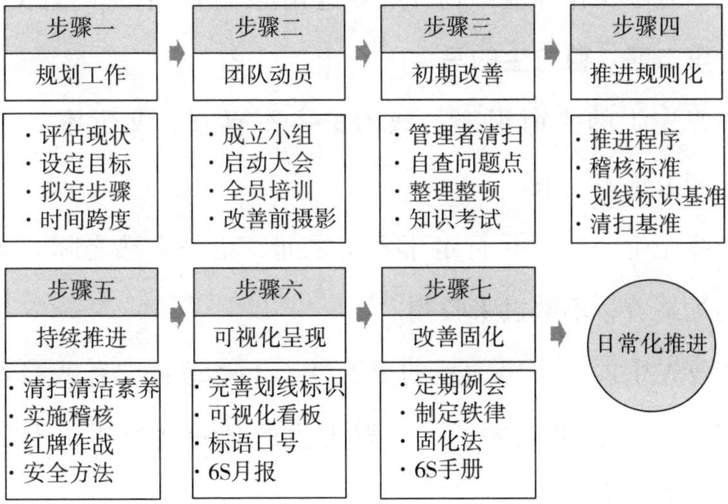

4. 三匹马教你搞定6S管理

每匹马身上都有一个故事，每个故事蕴含着一个道理，这些道理告诉我们如何更好推进6S管理。

第一匹：亚历山大的马

法国一位亚历山大同志，有一匹马，性格暴躁，无论谁骑上去，都会被摔下来。

直到有一位智者从旁经过，只见他不慌不忙围着马走了一圈，看得很仔细又很认真，随即翻开马鞍，从马鞍下找出了一根别针。正是这根别针使马如此暴躁。

这个故事的目的不是教人如何养马，而是要阐明一个道理：工作现场就有很多这样的“别针”，只有拿出这些“别针”，各项工作才能顺畅开展。这就是推进6S管理的意义。

第二匹：曹先生的马

曹先生的头衔很多：政治家、军事家、文学家、书法家，能力绝不一般。

曹先生一次率兵行走于麦田之间，正是麦熟之际，老百姓远远站着，不敢过来收割。

曹先生深知军民关系的重要性，下令道：“有践踏麦田者斩！”声音可能大了点，曹先生的马受到惊吓，上下乱跳，践踏了麦田。

这个时候非常考验领导力，三流领导者会说“规则是给大家制定的”，二流领导者会说“规则还没开始哈”，但曹先生是一流领导者。

他拿出了剑，准备自我了结。幸亏身边将士眼明手快，抢下了剑，并啼哭哀求：“三军不可无主！”曹先生这才叹口气，以割发代替了“刑罚”。

这一瞬间的事，众将士看在眼里，都牢牢管束着自己的马，生怕出一点差错。

看了这个故事，有朋友会说，曹先生不过是装模作样罢了。

首先，我们想说，6S管理中，领导者管理者以身作则或示范非常重要。其次，哪怕“做做样子”也会产生积极的影响。

第三四：无名将军的马

将军姓甚名啥，已经无从考究了。

一次，班师回朝途中，身边一位士兵向将军抱怨道：“将军，我跟着你出生入死，东征西讨，别人手下都升了，但我们还在当小兵呀。”

将军看了看自己的坐骑，语重心长地说：“这匹马也跟着我出生入死，但它现在还是一匹马啊！”

将军想表达的意思可能是，只有建功立业，才能有所升迁。

如果在成功学中，成功学导师可能慷慨激昂地说：“努力呀，努力！努力才有出路。”

在6S管理中不是这样的。这则故事想阐明的道理是：推进6S，就应该能让员工学到东西，有所成长，有所提升！只有这样，6S才能顺畅推进。

第四章
6S的深入与拓展

第一节　早会的促进作用

早会也称为晨会或班前会，一般在正式工作之前召开。早会不仅可以开展6S宣贯工作，同时对整体现场管理也有很大促进作用。事实表明，早会与现场管理呈一定的正比例关系，早会开得好，现场管理通常也会比较好。

1. 早会的意义

作为一名培训咨询师，笔者接到过多次早会培训的需求，由此可见，企业对早会的价值是有所了解的。

早会开不好主要有两大原因。一是主持人意识不到早会的意义，这样他（她）就会被动或敷衍，自然难以取得效果；二是主持人不知道讲什么，很多时候主持人将员工召集在一起，点个名就散了，员工对这样的形式主义很反感。

早会有什么意义？早会对主持人而言，是个人能力的磨练与提升。现场管理者精于实干，不善表达，早会可以锻炼管理者的语言表达能力。对员工而言，员工需要了解公司或与自身工作相关的信息，以及来自于其上司的鼓舞。有一次做员工访谈，问及对早会的看法，访谈对象大多认为，早会是必要的。对企业而言，质量、生产、6S信息需要明确与强化。这种日复一日的强化形成的叠加效应，对员工意识与行为都将产生巨大影响。早会开得好的车间，其员工意识好，行为规范，乐意参与到改善中来，因此其现场管理效果常常也会较好。

有这么一种说法，1的365次方还是等于1，$1^{365}=1$，如果每天强调一点内容，哪怕效应只有一点点，但一年下来的累积效应却是惊人的，1.001^{365}远大于1。（实际工作日没有365天，约为200多天，即便这样，此公式依然成立。）

早会的三点意义

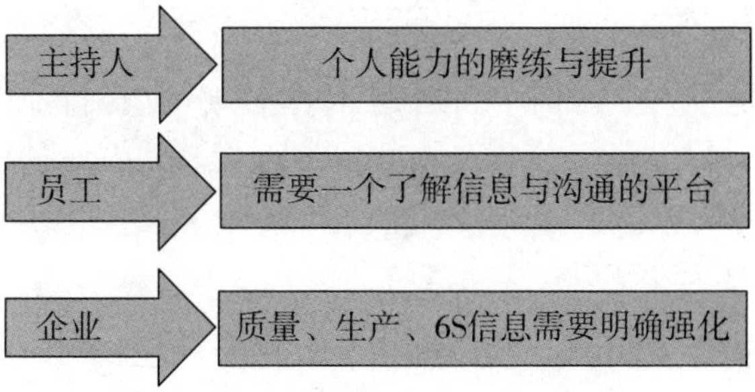

简言之，早会是一件对主持人自己、员工以及企业都有益的事情。

2. 早会讲什么（十五项内容）

早会可以讲十五项内容。这十五项并不是每次都要讲，而是可以作为参照，需要的就要在早会上讲，彻底消除“无内容可讲”的尴尬境地。

（1）寒暄问候

也就是“早”“大家好”这样的相互问候。寒暄问候可以构建相互融洽的氛围。这项内容每次早会都要开展。

（2）传达指示

上级的重要指示，需要及时传达。比如：“各位，公司本周有大客户来访，大家更需要做好自身岗位工作，展现我们良好形象。”

（3）生产任务安排

对于生产部门，要明确当日生产产品型号、需完成的指标等。

如果是非生产部门，则是工作任务的安排，比如服装店，明确当日销售指标、服装展示、促销活动等。

（4）中途转产说明

如果早会主持人（如班组长或主管）已经知道了当日转

产信息，即当日生产完一种产品后需要转产另一种产品，则需要在早会上说明，以便于人员做好准备，如物料员提前申请物料等。

（5）物料状况说明

说明备料状况，说明有无缺料现象。如果有新供应商的物料，应提醒员工注意材质、装配等质量状况，同时防止混料的现象发生。

（6）设备安排

某某工序使用哪台设备。某些设备可能是生产的瓶颈，同时设备精度有所不同，因此需要做出明确的安排。这里的设备包括测试设备或者重要的工装夹具等。

（7）人员及加班安排

对人员进行分工，比如某人今天做测试工位，某人今天协助物料员工作。通常，产线员工都有各自的分工，但某些特殊情况下，需要对员工工作安排做出调整，比如某人今天身体轻微不适或某人今天工作太忙需要支援等。

如果知道今天某些岗位需要加班，应告知员工，方便员工及时将加班信息告知家人。必要时，听取员工对加班的反馈，做出适度调整。

（8）质量强调

质量强调事宜包括：①提醒员工关注作业关键点；

②提醒员工检验要点；③当下的重点不良项目；④某些外观不良的判别标准；⑤提醒员工对不合格品的处理方式；⑥对某些工艺设置的讲解，使员工知道工艺设置的重要性。

（9）传递客户反馈

有些信息来自客户，需要及时传递给员工，例如，客户反馈“产品表面油漆有挂漆现象”“螺纹钻孔深度不够”“电路板有虚焊现象”等。及时传递客户反馈信息，有助于员工作业时关注到这些问题并进行预防。

（10）工程变更与新图纸

如果有工程变更或新版本的图纸，需及时告知员工，防止因使用旧的技术标准导致大批量不良。

（11）特采、极限样品运用

所谓特采，是“特别采用”的意思。产品出现瑕疵，为减少损失，或为了满足客户紧急的供货需求，在客户批准下，这批产品予以“特殊采用”的对待方式。凡是特采产品，必须进行相应标识，确保其可追溯性。

极限样品通常运用于外观判定，超出极限样品的界限，则视作不良品。极限样品通常由客户或内部工程师标定，以便于员工对照识别不良。

（12）6S工作要求

针对现场状况，提出明确的6S安全要求。注意，这一条的要求越具体越好，如果说“大家要做好6S安全工作呀”，这样的话等于没说。具体的例子如：“昨天，生产三线的叉车没及时归位，这点需要注意；生产五线的周星星作业台面一直都很整洁，表扬！”

（13）新员工安排

有新员工加入本组的时候，需要对新员工做出安排，包括新员工的工作布置，以及由谁来带等等。

（14）改善进展说明

企业内部的改善进展需要向员工进行说明，以鼓励员工参与到改善中来。

（15）听取员工意见及齐喊口号

听取员工对工作的意见，并给予反馈，提升早会的参与性。

企业如果有早会喊口号的习惯，此时，应齐喊口号，提振团队士气。口号可分为三类，一类为质量类口号，一类为6S类口号，还有一类团队鼓舞类口号。

早会主持人应对照15项内容清单，准备早会上的发言内容。

3. 早会的六点注意

要开好早会，企业与早会主持人需注意以下六点事项。

（1）实施三定管理

三定指定点、定人、定时。“定点”指明确早会地点，“定人”指明确哪些人参加，“定时”明确什么时间开。（这里的三定与整顿中的三定不一样，整顿中的三定分别是定点、定容、定量，整顿中三定管理也称为定置管理。）

早会需不需要每天都开？这要根据现场以及人员状况来定，特定场景下，可以一周一次。但无论如何，“定时”定下来后，不可以随便变更，否则“想开就开，不想开就不开”，随意性导致早会工作难以督查。

（2）做事先的准备

一段时间来脱口秀节目很火。脱口秀演员的讲稿都是事先准备好的，适度加上了临场发挥，只有事先的准备，才能“包袱不断，有笑梗”，达到想要的效果。

早会也是一样，需要事先将一些重点内容记下来，这样才可以在早会上有条不紊地将内容讲出来。下表为供参考的早会（准备）记录表，包括“会前准备”“早会要点跟进”与“出勤状况”三项主要内容。

早会（准备）记录表			
日期：		主持人：	
会前准备：	昨日事务	重点说明	表扬
早会要点跟进：	质量	生产	6S
出勤状况：			

（3）控制好时间

少于1分钟的早会没有任何效果，甚至会有负面效果。员工会认为人员召集在一起，问声好、点个名就结束了，这不是浪费时间嘛。

每天召开的早会以5分钟为宜，一般不超过10分钟，时间太长显得啰嗦且占用了作业时间。每周一次的早会，或特定情况下如有重要事务必须讲清楚，早会时间可适度延长。

（4）一般站着开早会，以任务为中心

车间里一般站着开早会，便于控制时间。如果车间内有信息可视化看板，上面有生产任务、质量信息等内容，可站在信息看板前开会，便于员工看到相关信息。

车间早会的站立队形（示意）

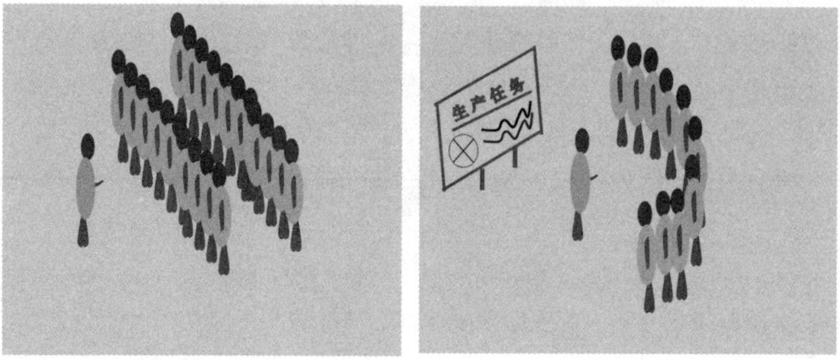

车间里的早会应以任务为中心，同时对某些方面的要求进行强调，如作业手法、质量管控点、6S等。这与服务业的早会有所区别，如理发业，载歌载舞，它以鼓舞士气为主，这在车间内是不太适合的，因为员工太兴奋了，不利于产品质量的管控。

（5）注意讲述的条理性

与演讲一样的道理，早会讲述需要有一定的条理性，如：“今天我们有五点内容需要强调，分别是一、xxxxx；二、xxxxx，……”

每次强调的内容点不宜太多，否则员工也记不住。

（6）对早会布置的任务进行跟进

早会强调的内容、布置的任务，在正常工作开始后需进行跟进。比如早会上强调了“叉车及时归位”，巡查时应注意观察，并对员工的动作进行反馈：“小王，做得不错哦，有进步！”“老李，这个怎么还是没做好，我们早会上已经强调了呀！作为老员工，你要带头呀！感谢！”

对早会布置的任务进行跟进，能够使得早会形成闭环。

4. 早会上的6S宣贯

早会是强化6S的一次机会。在早会上可以向员工讲述当前6S工作进展，提醒员工应注意的6S事项，对做得好的行为予以表扬等。

王主管负责装配车间，为人谦和，关爱员工。他喜欢将员工6S做得好的地方用手机拍下来，第二天开早会的时候，将这些照片展示给大家看。树立榜样的同时，员工们得到了激励，越来越有干劲，现场工作也越来越好。

每天在早会上进行6S的宣贯，对员工日常行为会有明显的积极影响。这里列举四个早会上宣贯6S的内容。

早会上6S要求强化示例（1、2）

1

各位早，大家知道，我们公司目前在推行6S改善。

6S对企业，是一次形象、环境以及士气的全面提升。对我们员工，从中可以学到知识，获得成长，同样可以提升素养，以及塑造更好的工作环境。

目前，我们重点在推进前3个S，即整理、整顿、清扫。线边（指生产线周边）脏乱现象必须根治，我们可以排一个值日表来确保线边的整洁！

2

各位早，关于6S管理，有几件事跟大家讲一下：①6S月报已刊出，大家有空时都去看下。②大家要养成好的习惯，水杯放置在水杯柜中。

此外，现场有一些注意事项：①叉车及时归位；②原料及成品必须按区域摆放；③保持好工作区域的整洁。

好，我们车间的口号是：

“人人6S，事事6S！”

早会上6S要求强化示例（3、4）

3

各位早，正如大家所看到的，我们6S取得了一定进展。

我们需要改变以往的思维，更加积极地投入到6S活动中来。

昨天，黄晓虎同志非常不错，向公司提出了三个改善建议。而且黄晓虎每天都能保持好自己岗位的整洁状态，为我们区域争得了荣誉。下面，有请黄晓虎发表下感想。

掌声欢迎！

4

各位早，早会上，我们已经讲了很多次6S管理，现在我们的工作重点在前三个S，即整理整顿清扫。

为了将3S做好，我们逐步导入红牌作战的方式，红牌的形式我给大家展示一下。

凡是有问题的地方，都会贴上红牌。红牌飘飘可不是好事情呀！大家一起努力！

5. 如何评估早会

首先，就早会的长期效果来讲，有两个评估依据，一个是员工的认可，一个是现场的转变或良好现状的保持。

为什么要员工认可？如果员工在早会上接收到了有价值的信息，感受到因早会带来的积极变化，如果早会开展了必要沟通，回应了员工关切，自然，早会就会获得员工的认可。反之，员工如果不认可早会，带着勉强、无奈参加早会，那么这样的早会效果也会大打折扣。

长期效果的另一个方面——现场的转变或良好现状的保持，是指早会积累效应的显现，每天强调一点点，改变不止一点点。如果没达成这样的效果，说明早会的效应并未显现出来，某些环节尚存在问题。

长期效果的两个方面是早会工作的导向，需要追求并最终达成这样的效果。

早会的具体评估可分为七个方面，分别是：①三定遵守；②内容翔实；③要求精准；④时间把控；⑤声音传播；⑥参与度（互动）；⑦精气神（口号）。

①三定遵守（20分）

所谓三定，指定点、定人、定时，这一条评估内容的目的是促进人员准时、定点参加早会，不无故缺席，养成习惯。做到这一条并不难，但很重要，这一条总分为20分。

②内容翔实（20分）

内容翔实指信息传递到位，比如上级指示、6S要求、质量要求、客户信息反馈、生产任务、人员安排等。

内容翔实的要求有助于消除“不做准备，无内容可讲”的弊端。把大家召集在一起，点个名，喊个口号，早会就结束了，如果这样，这项只能得0分，因为没有将信息传递出去，而且这样的早会也没有效果。这一条总分为20分。

③要求精准（20分）

要求精准，意味着早会主持人对业务熟悉，这样才能做到要求精准。

“大家注意，海绵垫千万不能用红色的，上次用了这个海绵垫，遭到了客户投诉。”“注意产品图纸版本号，最新版本为06版，要求孔加工深度为6cm，之前为5cm，这个要求已经变更，大家需要注意。”只有对业务熟悉，才能提出精准的要求，而这种精准的要求可有效防止可能的问题发生。

要求精准常可将“可能的出错点”提前预防，减少出错几率。这一条总分为20分。

④时间把控（10分）

一场早会的时间适宜控制在5~10分钟，既将内容讲出来，同时避免时间过长，影响正常工作。有一个很明确的指标：少于一分钟的早会是没有效果的。同时，天天在一起工作的同事，通常情况下，没有必要点名，可将点名的时间节约下来多讲些内容。这一条总分为10分。

⑤声音传播（10分）

声音传播是早会主持人应具备的一项基本功。有的人主持早会，声音像蚊子一样小，别的人根本无法听清楚。车间内的早会本就有一定嘈杂的背景声音，这时更需要主持人声如洪钟，中气十足地将声音传播出来。这一条总分为10分。

⑥参与度（互动）（10分）

参与度通常指与员工的适度互动，如在布置工作后，追问一句："小王，这项工作三点前完成没问题吧？"

参与度还包括对人员的表扬，对员工问题的反馈以及必要时候邀请员工发表自己的看法或心得。这一条总分为10分。

⑦精气神（口号）（10分）

站有站姿，坐有坐态。有些早会，人员站立不齐，面露疲态，眼睛无神，东张西望，这种状况0分。

精气神体现在站队整齐、衣着整洁、精神饱满，必要时，还体现在喊口号时声音嘹亮，显示出一股积极向上的士气，鼓舞每一个人。这一条总分为10分。

以上共七条，总分100分。依据打分表，即可对不同班组的早会进行评分，分出一个高低来。事实上，评估不是目的，评估起到一定导向作用，使大家都能开好早会，发挥出早会的价值，并能从中感受到成就感，这才是目的。

附表　　早会评估表（七项内容，总分100分）

评分/部门	A	B	C	D	E	F
三定遵守（20分）						
内容翔实（20分）						
要求精准（20分）						
时间把控（10分）						
声音传播（10分）						
参与度（互动）（10分）						
精气神（口号）（10分）						
总分						

注：表中ABCDEF为不同班组（或不同区域）的编号。

第二节　如何培育（成为）6S内训师

有一次与一位日籍顾问老师谈到6S内训师培养时，他说了这么一句话："内训师是企业改善本来应有的面目。"

内训师是一股"内在驱动"的力量。通过培养6S内训师，内训师自身知识水平不仅得以提升，通过他们传播知识，同时提升其他人员的知识素养并带动企业整体的改善氛围。俗话说，授人以鱼不如授人以渔，内训师则兼有"鱼和渔"的作用。

6S内训师不单单讲解6S课程，某种意义上讲，他们就是企业的内训师。6S内训师通常是兼职的，当然大型企业可以选出优秀者作为专职内训师。

1.6S内训师培养流程

6S内训师培养参考流程

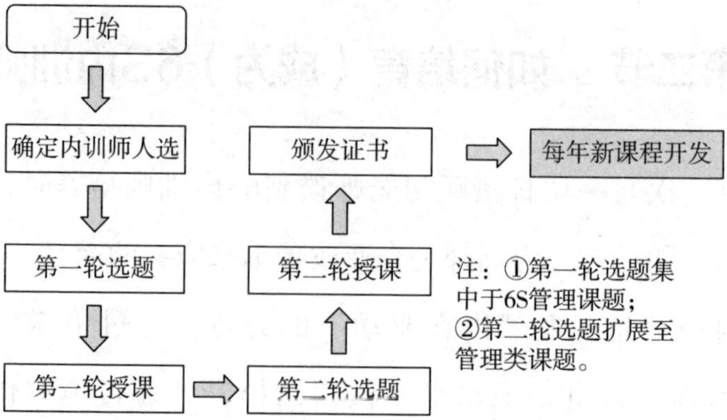

大多人心里有一个“讲师梦”，展现自我风采，传道授业，是一件极有成就感的事情。

通常可从中高层管理人员或从自愿报名者中确定内训师人选，中小型企业内训师人数宜控制在10人以下，大型企业可分批培养。第一轮选题严格聚焦于6S管理，每人聚焦于6S的一个知识点。如，某企业确定了7名内训师人选，其中六人每人讲解一个S，另外一人讲解如何让员工支持6S工作。

第二轮授课则为拓展型授课，不再限于6S课题，其目的在于让大家理解6S管理与其他管理是相辅相成的关系，另外一个目的，要成为一名真正的内训师，需要从不同的角度讲课，积累授课经验，不同科目的授课也能为企业做出更多贡献。

第一轮聚焦于6S的参考选题

①什么是6S管理； ②为什么要推进6S管理； ③如何实施整理； ④如何实施整顿； ⑤如何实施清扫； ⑥如何实施清洁； ⑦如何养成习惯； ⑧如何做好安全管理；	⑨新员工6S培训； ⑩实施稽核的技巧； ⑪如何推进可视化； ⑫可视化看板设计技巧； ⑬关于6S手册的培训（如有手册）； ⑭划线与标识实施技巧； ⑮班组推进6S的要点； ⑯6S推进八大方法。

辅导企业时，我给内训师候选人的第二轮选题如下。

第二轮授课参考选题

日常工作类选题	管理工具类选题
①如何开展早会； ②班组长每日工作要点； ③如何开展巡线工作； ④如何发现现场问题； ⑤不良品管控技巧； ⑥客诉处理流程； ⑦如何管控生产成本； ⑧生产安全管理。	①PDCA工作方法； ②4M1E管控技巧； ③鱼骨图运用技巧； ④标准作业技巧； ⑤设备三级保养知识； ⑥ISO质量知识； ⑦仓库管控技巧； ⑧PPT制作技巧。

团队沟通类选题
①职场礼仪；②职场沟通技巧；③与下属的相处技巧；④个人对管理的理解；⑤员工基本类型及相应管理；⑥如何做好一名车间主任；⑦如何更好地服务客户；⑧职业素养的故事；⑨发挥员工智慧的案例；⑩团队领导的技巧；⑪一个管理小故事的解析。

定好选题后，候选人需要开发出课程，并在小范围内（如内训师之间）开展一次“磨课”，由他人提出意见，做

出修改调整，再向公众授课。

为简化程序，一般第二次授课合格，即可授予内训师证书。授证内训师需每年开发新的课程并进行授课。有企业的做法很好，即内训师拿到证书后，正式授课时学员总体评价超过一定分数（如85分），企业会给予授课费，以资鼓励，这在一定程度上激发了内训师的热情。

供参考的内训课程评估表如下。

<table>
<tr><td>课程名称</td><td colspan="3"></td></tr>
<tr><td>内训师</td><td></td><td>培训日期</td><td></td></tr>
<tr><td>培训时长</td><td></td><td>培训地点</td><td></td></tr>
<tr><td colspan="4">说明：请给予如实与恰当的打分，以帮助内训课程质量不断提升。</td></tr>
<tr><td>序号</td><td colspan="2">评估项目</td><td>差　　中　　好
□1 □3 □ 5 □ 7 □ 9 □ 10</td></tr>
<tr><td>1</td><td colspan="2">培训目标是否已达到？</td><td></td></tr>
<tr><td>2</td><td colspan="2">课程逻辑与结构是否合理？</td><td></td></tr>
<tr><td>3</td><td colspan="2">讲义编写质量如何？</td><td></td></tr>
<tr><td>4</td><td colspan="2">内容是否聚焦，具吸引力？</td><td></td></tr>
<tr><td>5</td><td colspan="2">内训师是否对内容掌握透彻？</td><td></td></tr>
<tr><td>6</td><td colspan="2">内训师讲解技巧如何？</td><td></td></tr>
<tr><td>7</td><td colspan="2">培训时长是否恰当？</td><td></td></tr>
<tr><td>8</td><td colspan="2">是否开展了必要互动？</td><td></td></tr>
<tr><td>9</td><td colspan="2">培训内容是否紧密贴合实际？</td><td></td></tr>
<tr><td>10</td><td colspan="2">培训内容能否直接运用于岗位？</td><td></td></tr>
<tr><td colspan="3">总评分</td><td></td></tr>
<tr><td colspan="3">评估人</td><td></td></tr>
</table>

6S内训师证书示意

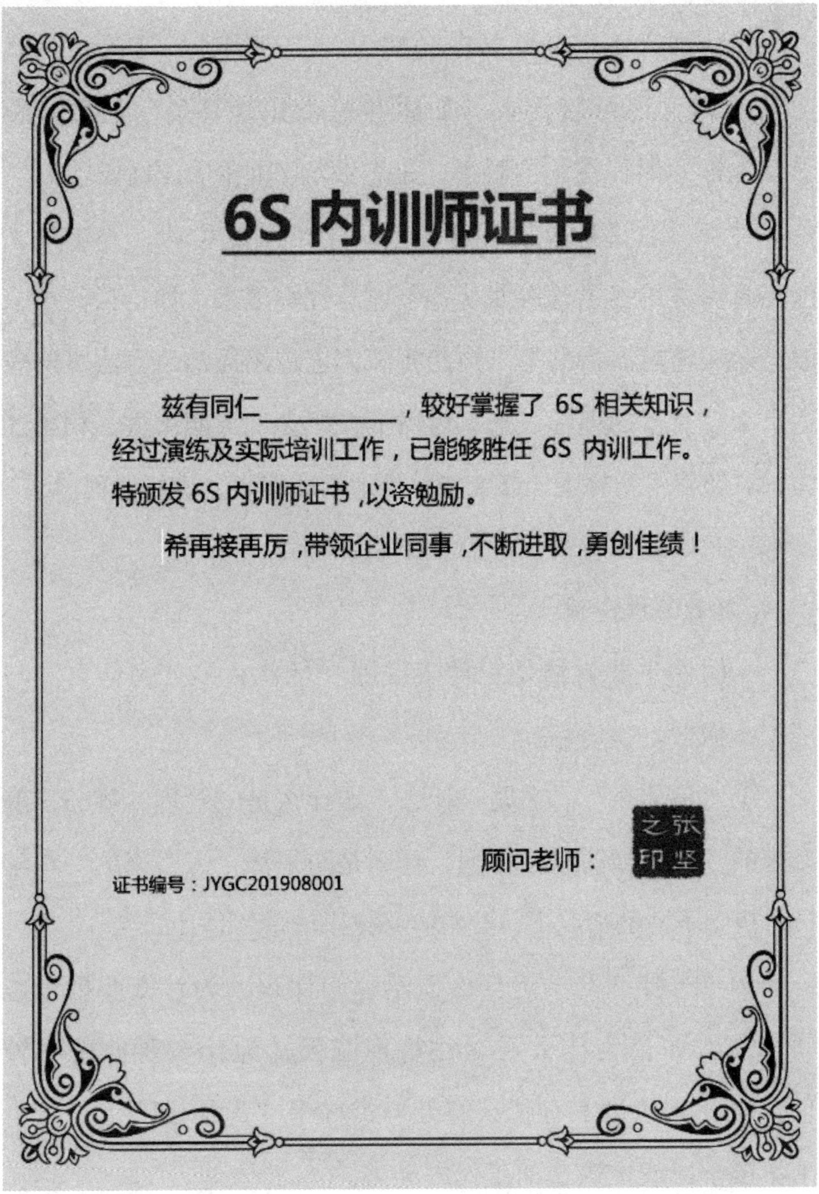

6S 内训师证书

兹有同仁__________，较好掌握了 6S 相关知识，经过演练及实际培训工作，已能够胜任 6S 内训工作。特颁发 6S 内训师证书，以资勉励。

希再接再厉，带领企业同事，不断进取，勇创佳绩！

顾问老师：张坚之印

证书编号：JYGC201908001

2. 如何使课程更精彩

好的课程不仅使学员学到知识，受到启迪，工作更具章法及干劲，还可以给人“如沐春风，如饮甘泉”的美好感受。这样的课程在学员眼里，是企业给到他们的福利。

对于一名讲师，讲好课程，一半是熟能生巧，一半是大道至简。讲得多了，讲课从容不迫、娓娓道来，如行云流水一般；而大道至简指的是讲师能将深刻道理用简洁语言或事例表达出来。对于内训师人选，珍惜上台机会，大胆去讲，积累经验，对课程不断打磨，终究能轻松地驾驭课堂，讲好课程。

一门好的课程需要注意如下事项。

（1）课程逻辑

一门课主要讲清楚三件事，即“是什么”“为什么”与“怎么做”。

①“是什么”。主题是什么，如什么是6S管理，哪6S，怎么来的？或比如防呆法课程，什么是防呆法，怎么来的？在学员对概念不清的情况下，非常有必要讲清楚“是什么”。

②“为什么”。为什么要学这门课程，为什么要推进这项工作？如，为什么要学6S管理课程，为什么要推进6S管理？对企业或员工有什么好处？讲好了“为什么”，等于给了学员学习或推进这项工作的动力。

③“怎么做”。实操类课程一律以“怎么做”为主，内容应占到整个课程的80%左右。“怎么做”主要讲述如何做的步骤、技巧或注意事项，如鱼骨图课程中讲解“鱼骨图运用的七个要点”。

（2）课程三条线

课程通常由三条线推进。一条是时间线，如课程为三小时，分割成三个时间段，中途休息两次，每次5分钟；一条是内容线，即内容应分成不同的章节进行推进；第三条是感性线，感性内容包括案例、故事、游戏、互动问答、演练等，感性线不仅是理论的佐证与强化，同时也使得课堂轻松活泼、妙趣横生。

课程推进的三条线

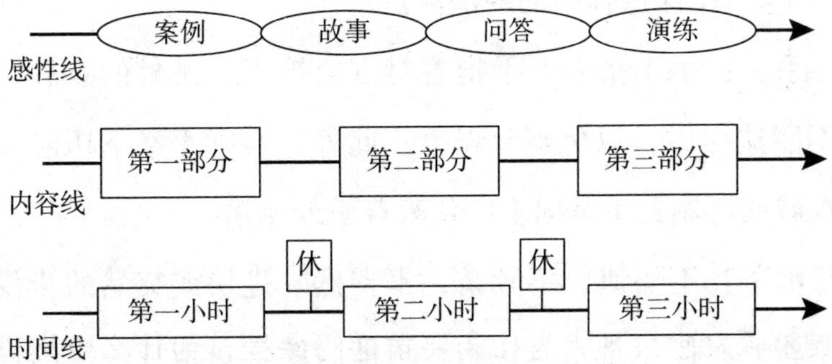

每个章节内容可借助数字展开，即一二三四形式展开，同时，每个章节内容应进行回顾，以加深学员印象。

“课程三条线”的价值在于讲师需要依据三条线进行素

材准备及内容安排。

（3）开场ABC法则

ABC是Attention（注意力）、Benefit（好处）、Connection（联系）三个单词缩写，即开场时需吸引学员的注意力，清晰阐明这个课程对学员的好处，以及建立老师与学员、学员与学员之间的联系，通常课程一开始的介绍是有效建立相互联系的机会。

关于一开场吸引学员注意力，根据笔者经验，由于对讲师或课程内容的好奇心，开场三到五分钟内，学员都能保持注意力，因此一开场倒没有必要刻意吸引学员注意力；但是好奇心过了后，则需要讲师的内容、授课手法等形式吸引学员的注意力。

（4）授课过程中的手法注意

手法：手不指人，手指着对方会被当作挑衅的意思，一般不能这样做，以免引起误会。此外，讲师手掌下压时，代表权威或压制；手掌向上，代表尊敬或邀请。

步法：不快速，不频繁，不突然。过快或突然的步伐给人紧张感；频繁地走来走去，可能会给学员造成一定的视觉混乱。

穿法：以职业装或工装为主，显得干净利索。

说法：迟急顿挫，富有节奏。迟急顿挫是指慢快结合，适度停顿，挫是转折的意思，用不同的方式演绎，保持学员的新鲜感。

（5）课程如何收尾

最实用也是最常用的收尾方式，就是对课程内容进行回顾，以便学员更好掌握所学内容。如果时间充裕，可以邀请学员来回顾，也可以提一些问题让学员回答，在回答问题过程中回顾学习内容。如果时间较紧，常由讲师自己进行内容回顾，便于掌控时间。

其他的收尾方式有：开展一场考试，对学员知识掌握程度进行考核；布置课后作业，促进学员将知识延伸或将知识运用到岗位工作中去等。

3. 6S课程中的演练或游戏

6S课程中的演练

课程时间如果超过两个小时，则需插入演练（含问题互动），使知识得以沉淀及升华。下面就培训课程中不同阶段可运用的演练课题加以梳理。

（1）6S开场阶段可用的演练

①每个小组写出当前6S推进的问题点/困难点/可提升的点；②请复述6S对企业及员工的意义。

（2）6S每个S可开展的演练/问答

整理：①请复述整理的主要知识点；②尝试制作一张工作台必要品清单；③如果办公桌面只允许放六件物品，你会放什么？④整理理念有哪些可拓展的应用？（产线表格有哪些，是否可进行整理？）

整顿：①请描述安全色红黄蓝绿所代表的含义；②请为自己所在区域设计一份划线标准；③办公6S中，文件如何分类？④请现场制作一个“文具形迹管理”模板（需准备好泡沫材料）；⑤请为整顿编制一个小口诀。

清扫：①请复述三扫以及三扫需运用到的四个器官；②请制作清扫这个S的流程图；③请制作某一区域的清扫基准，含墙壁、地面、天花板等；④请思考设备的微缺陷有哪些；⑤请为清扫编制一个小口诀。

清洁：①请制作6S中一个S的稽核标准；②请编写“开展稽核的十条注意”；③请编制“6S的十条军规”；④请制作一张固化法宣传图；⑤可视化看板设计应注意什么？

素养：①请复述三守原则；②找出你身边的人三个优点，讲给他（她）听；③职场沟通有哪些注意点？④请梳理关于素养的三条名言；⑤如何才能养成习惯？

安全：①安全管理的两大法则是什么？②前5S对安全管理有什么促进作用？③请在漫画中找出不当行为（事先准备

好安全识别漫画）；④请梳理培训场所内的危险源，并对其中三个危险源进行评估；⑤请编制一个安全管理口诀。

（3）课程收尾时的演练或作业布置

①每个小组制作一张6S看板；②制作一张6S月报；③制作6S推进程序；④制作6S推进路线图或计划表；⑤梳理出不少于20项推进6S的方法；⑥试着讲解其中的一个S；⑦制作一份与6S相关的单点课课件；⑧制作完整的划线标识基准；⑨制作一份6S内训教案；⑩制作员工6S培训视频；⑪制作一份6S推进方案；⑫制作一份完整的生产现场或办公6S稽核表；⑬编写6S推进中的三个故事；⑭制作一份企业危险源管控标准；⑮制作一份6S改善写真。

6S课程中的游戏

无论演练，还是游戏，都属于感性内容，课程含有一定的感性内容才能使学员在学习过程中保持兴趣。培训过程中的游戏，尽量与课程内容相关，不仅能带动课堂氛围，还能让学员从中受到启迪。

这里分享一个6S课程可用的小游戏（或者称为趣味性互动）：“四个人中，你选谁担任6S经理？”

这四个人选分别是李逵，唐僧，八戒，韦小宝。

这四个人物大家都耳熟能详，人物自身带有一定喜感，因此用这四个人进行探讨，易于激发出学员思想的火花。学员即便心中选择了唐僧，有时为表现自我，也会讲出选择另一个人的理由。

你选谁担任6S经理

作为培训老师，既要充分听取学员观点，给学员展现自我的机会，同时要对讨论的结论进行引导。综合而言，本案例中，唐僧是一个合适人选。

关于这四个人物的解析如下。

李逵，水浒中人物，不守规矩，做事莽撞，曾滥杀无辜，这样的人如果做6S经理，初时人们敢怒不敢言，渐渐“官逼民反”，最后估计要弄得“罢工”收场，因此这样的人不适合担任6S经理一职。此外，李逵这样的人不大愿意坐下来学习，自己不懂6S，怎么领导别人做6S呢？

李逵这样的人不适合做6S经理是自然的事情，但是需要进一步思考的是，推进6S过程中，遇到李逵这样的“莽撞派”怎么办？

猪八戒，八戒有个强项，人缘好。但他有点好色，做了6S经理后，有可能借机亲近生产线美女。虽然不适合做6S经理，但在6S工作中可发挥八戒的作用，比如做个6S经理助理，在取经过程中，他对唐僧倒是一直很忠诚。

韦小宝，金庸先生《鹿鼎记》中人物，为人总体良善，出手大方，但嘻嘻哈哈，缺少正经，曾横跨康熙与天地会两大阵营，这样的人做了6S经理，可能会皆大欢喜，但6S工作落实不了，因此这样的人也不适合担任6S经理。韦小宝这样的人也可在6S工作中发挥一定价值，比如“改善创意”的收集与评估。

唐僧，缺点是“好坏不分”，孙悟空尽心尽力，他还是相信白骨精化身，不相信悟空。唐僧还有一个问题点，就是别人触犯了“6S规则”，他可能“阿弥陀佛”，不肯进行相应惩罚。虽然唐僧有明显缺点，但人无完人，他身上的亮点对6S工作推进更为重要。唐僧善于自律且专注于目标，精通经文（6S知识），心无杂念的他一定可以做好6S工作。总体而言，唐僧是6S经理的合适人选。唐僧担任6S经理后，看到谁没做好6S，他一定会反复叮咛，直到别人改正为止。在这种韧劲下，搞好6S不成问题。

第三节　用6S理论管理供应商

每家企业都处于供应链之中，如何管好供应商是很多企业面临的难题。6S理论与供应商管理过程有某些契合之处，借助于6S理论，不仅可以更好地理解供应商管理的过程，而且能将供应商管好。

1.整理——供应商选择

采购产品时，需从不同的信息渠道寻找供应商，确定备选供应商；对供应商进行评估后，则需要做出“要与不要”的决定。这就是6S理论中“整理”的动作。

四要四不要

要有质量体系，不要暗藏问题；

要有产品经验，不要光说不练；

要有必要产能，不要生产不出；

要有合作意愿，不要看上去美。

“男怕入错行，女怕嫁错郎”，通过“整理”这个环节选好供应商尤为重要，其中一个核心要点就是明确“要与不要”基准，挑选出合适的供应商。

2. 整顿——供应商分类

随着采购零部件的增多，供应商也会越来越多，这时需要借助6S中的整顿理论对供应商进行分类管理。

美国人卡拉杰克先生创立的采购四象限原则正是用于供应商分类的工具。该原则依据采购量及供应风险两个维度将供应商分在如下四个象限中。

①杠杆型：采购量大，供应商众多，采购方占绝对主导地位。对这一类产品的供应商，采购方可以压价。

②关键型：采购量大，但产品技术要求高，供应商不多。采购方与供应商属于相互制约的关系，这时采购方应与供应商建立战略合作关系，以维护双方利益。

③瓶颈型：采购量小，但供应商也少，采购量对供应商缺乏吸引力，供应商占据一定主导地位，这时需要采购方通过适度提升单价、自身保有一定库存、将一定的采购量大的产品给供应商以取得平衡等措施应对。

④常规型：采购量小，但供应商众多，典型的如办公物

品类产品，这时的应对策略则为减少管控或不管控。

供应商分类-四象限

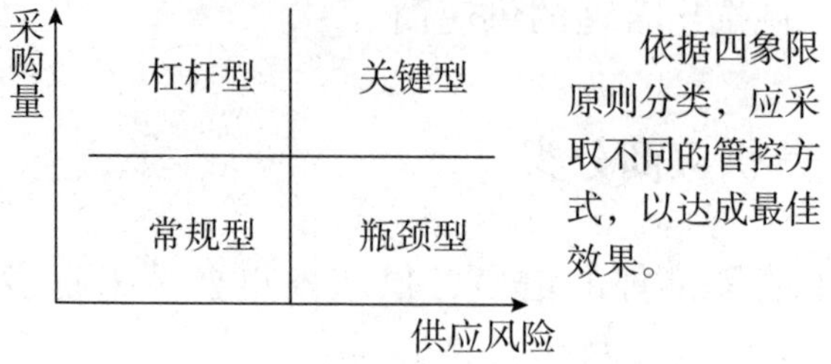

3. 清扫——发现并解决问题

清扫不仅是环境清扫，更是对问题的点检。管控供应商过程中，需要做到三及时。

第一，及时梳理问题，将供应商的质量、交期等问题及时梳理处理。

第二，及时反馈问题，将梳理出的问题及时反馈给供应商，促进改善。

第三，及时解决问题，教导供应商运用一定方法快速解决问题。

4. 清洁——制度化规范化

制定日常的供应商管理制度，包括每年评估制度等。同时，将供应商管控相关文件存档。

供应商管控文件存档

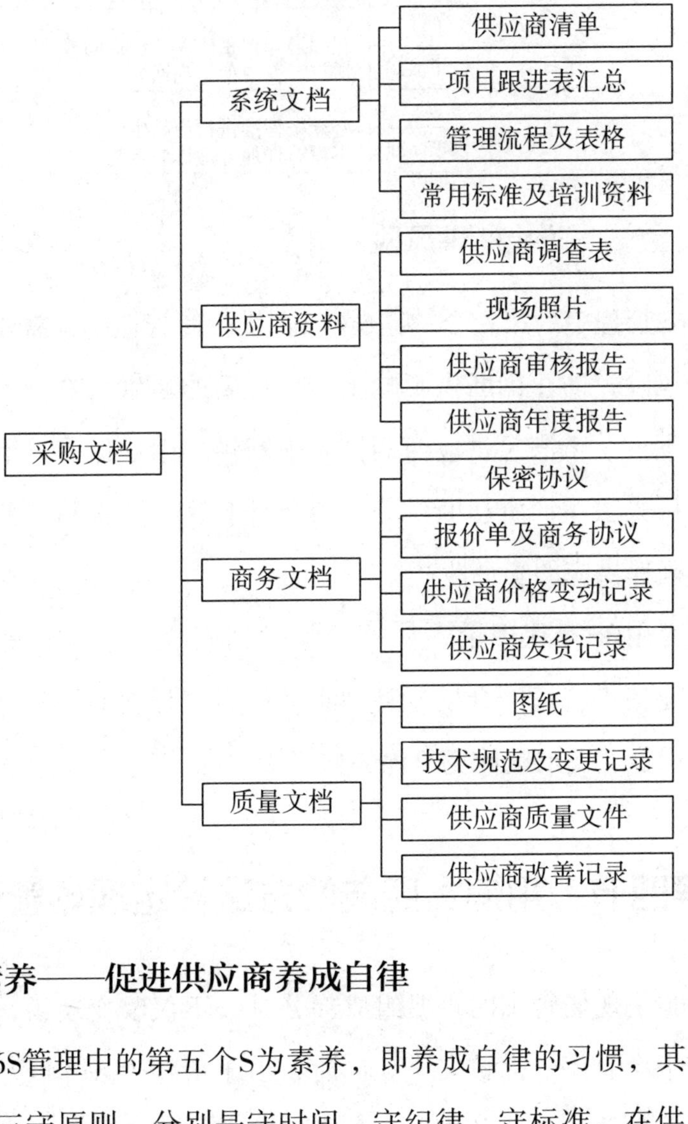

5. 素养——促进供应商养成自律

6S管理中的第五个S为素养，即养成自律的习惯，其中有一个三守原则，分别是守时间、守纪律、守标准。在供应商管理中，也需要促进供应商养成三守习惯。

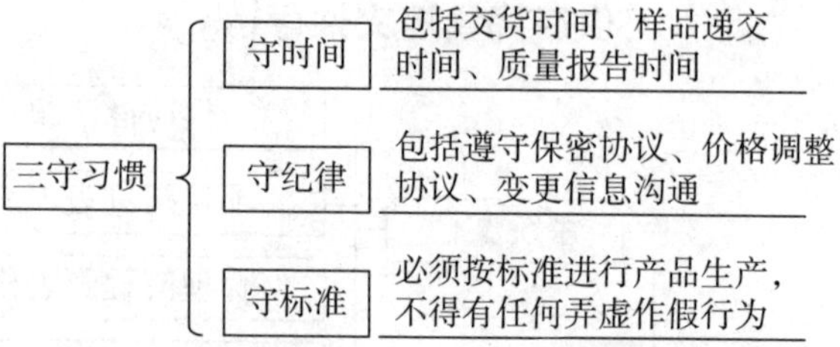

6. 安全——防止断供风险

6S管理中的第六个S为安全。在供应商管理中，需要识别断供风险，防止因断供影响生产。主要的断供风险在于批量产品不良、未满足供应商调价要求断供、因环保等政策供应商工厂失去生产资格断供等，需要针对这些因素制定预案，从而确保供应的安全性。

运用6S管理理论，从整理整顿到安全，不仅管好供应商，还使供应商配合度、管理水准有一定程度的提升，最终发挥出供应链的整体竞争优势！

第四节　用追女朋友的方法搞定现场管理

6S是现场管理的重要组成部分。6S不仅改变现场，使得现场干净有序、高效安全，同时，由于培育了人才以及塑造了改善文化，在此基础上完善现场管理，推进质量、精益管理等，将变得事半功倍。

现场意味着三个70%：70%的人工作在现场，70%的问题发生在现场，70%的成本使用在现场。现场管理还包含着其他的一些管理方法，本节主要展示这些内容。

1. 现场主义

曾看过这么一个故事，一对青年分居两地，男的每天给女的写封信，两年写了七百多封信，两年后他回家想与女朋友结婚，却发现女朋友和邮差结婚了。这体现了现场（见面）的重要性。

6S管理本身就是现场主义的体现，现场主义包含有三个层次。

现场主义的三层含义

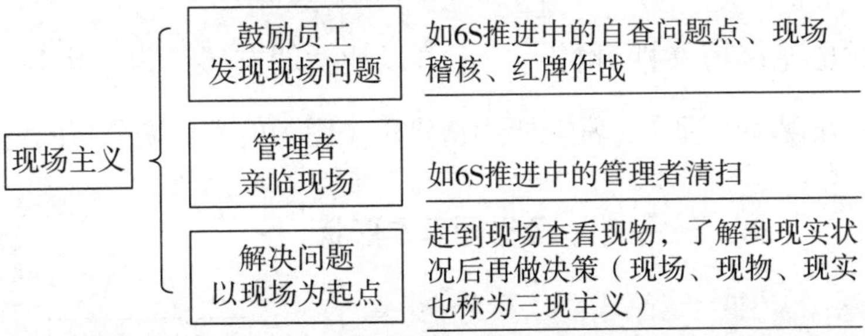

精益生产方式创立者大野耐一曾说：“我是一名彻底的现场主义者，只有走进现场，才能了解到具体的状况。”有一次，他走进现场，看到问题诸多，而现场人员却无动于衷，就叫现场班组长过来，在车间地上画了一个圈，让他站在里面。这名班组长一开始有些莫名其妙，但又不敢违抗命令，只好呆呆地站在圆圈内。闲着无聊，班组长就开始东张西望。这一望，他发现现场存在很多问题：物品堆放过高、设备已有破损、员工粗暴取放产品等。他幡然醒悟，理解到大野耐一之所以让他站在圆圈内，是为了让他发现现场的问题，并开展改善工作。这个圈后来被人们称为“大野耐一圈”。这种做法被我国海尔集团吸纳采用，转化为“海尔大脚印”，让员工站在上面进行反省或分享心得。

2. 鱼骨汤

交上女朋友后，为女朋友煲上一碗鱼骨汤，既有营养，同时也能保持女性身材，一定可以让女朋友感动得落泪！

在现场管理中，常需要用鱼骨汤（图）的方法来分析问题。

鱼骨图基本形状

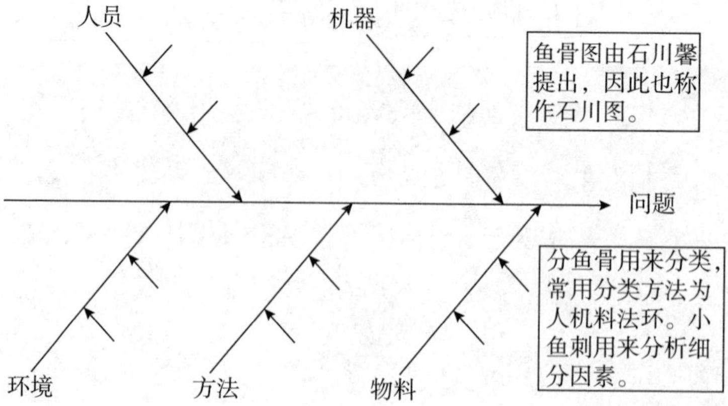

鱼骨图主要用来查找问题原因，一般从4M1E角度展开，4M1E是Man、Machine、Material、Method、Environment的缩写，简称为人机料法环，即查看人员是否出了问题，机器是否出了问题，物料是否出了问题，作业方法是否出了问题以及环境（温度、湿度、6S状况等）是否出了问题，从而找到问题原因。

3. 半朵玫瑰

女性爱花，最爱的无疑是玫瑰，因为它象征着热情与幸福！

现场改善中，半朵玫瑰“RCSE”，是Rearrange（重排）、Combine（合并）、Simplify（简化）、Eliminate（取消）这四个词的缩写。

生产线上作业的优化，RCSE是常用手段，即研究员工动作、作业时间以及工序排列等要素，进行“重排、合并、简化、取消”的改善，从而消除瓶颈，增加产线的平衡度，提升生产效率。

RCSE源自对现有作业质疑

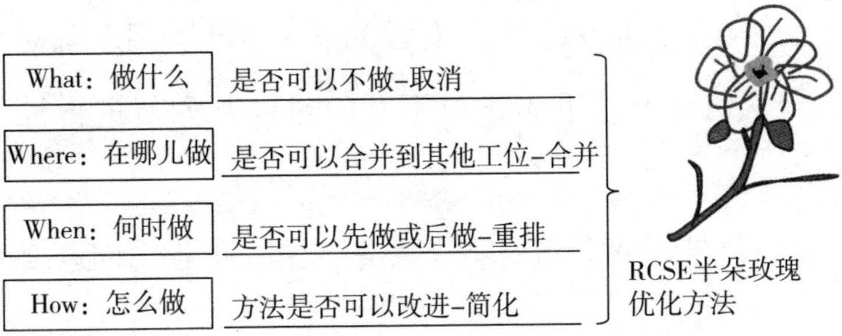

4. KISS原则

Kiss是“亲吻”的英文单词。

工作现场做出某项改善后，需要进行标准化，防止退化，这样才能巩固改善成果，并推广运用。作业标准化是现场常用的标准化手段，对作业手法做出了细致规定。为了让员工快速掌握作业标准化上的要求，就需要遵守“KISS”原则，这里的KISS是“Keep It Stupid & Simple”的缩写，意即尽可能将要求“傻瓜化”、简单化，让员工一看就明白清楚。

作业标准化KISS原则要点

① 图示化要求；

② 步骤明确化；

③ 讲清楚要点；

④ 讲清楚质量要求。

5. 三明治批评法

无论生活还是工作中，人际关系（工作关系）都非常重要。当发现对方或下属做得不对的时候，如何进行批评指正呢?

三明治批评法，指对某个人先肯定、再指出问题要求改正、接着再勉励的一种沟通方式。三明治批评法使得下属容易接受上司的责备，减少冲突可能，同时易于转变态度进行改正。

看见过理发师给人刮胡子吗？总要先给人涂剃须泡沫，为什么？就是为了刮起来别人不痛，这与“三明治批评法”是一样的道理。

工作关系注意点

① 尊重个体差异，设身处地为下属着想；

② 了解状况前，不乱下结论；

③ 表达清楚你对别人的期望；

④ 适度地表扬，如果批评优先使用三明治批评法。

6. 现场管理屋

双方找到了彼此的归宿，于是男婚女嫁，在自己的屋子里幸福生活！

现场管理提升到一定程度，就会有“基础、支柱以及追求目标”的系统性，这就形成了“屋”的形状。现场管理屋不断打磨提升，最终演变成企业的精益管理屋。

现场管理屋

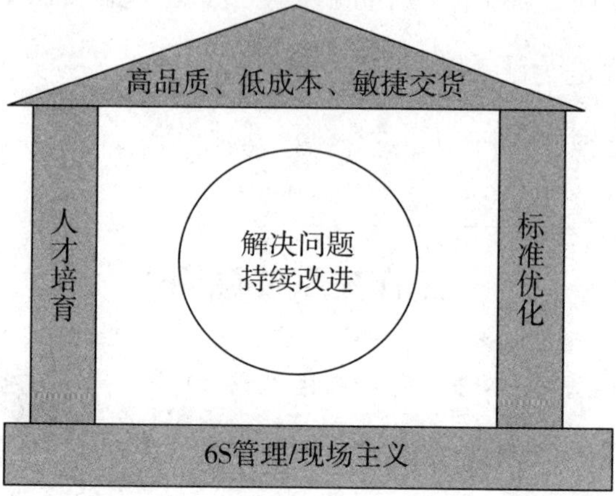

附1

前3个S稽核表

前3个S（整理、整顿、清扫）属于四化过程中的形式化过程（四化：形式化、规范化、习惯化、活性化），其问题点是表露于外的，易于通过稽核捕捉，并促进转变。这里提供了前3个S较为详细的稽核要求，每个S从不同方面展开，每个方面可以打出0~4分，因此每个S总分为20分。

1. 整理稽核表

项次	查检项目	分值	检查状况
1	通道状况	0	通道昏暗杂乱，且不通畅
		1	车间内通道标识不明显，常被占用，但无昏暗现象
		2	摆放的物品偶尔占用了通道
		3	物品极少地占用了通道，但有“临时存放”标识牌
		4	通道标识清楚，畅通整洁
2	物料架	0	物品被长时间存放，且摆放杂乱
		1	较少的物品长时间存放
		2	仅存放一周内使用物品
		3	物料架干净整洁，不同层物品已明确分类
		4	物料架物品种类、数量明确标识

续表

项次	查检项目	分值	检查状况
3	作业台	0	杂乱，且有过多私人物品
		1	台面物品毫无规则地摆放
		2	台面物品已分类摆放
		3	台面较干净，仅存放生产必需物品
		4	台面整洁，仅放置当日生产所需物品
4	办公室	0	办公室杂乱不堪
		1	约四分之一的区域整齐
		2	约二分之一的区域整齐
		3	整体都很整齐、干净、有序
		4	办公桌、文件柜内物品都按规定摆放
5	仓库	0	拥挤、杂乱、无序
		1	按区域存放物品；易燃易爆等特殊物品存放特殊区域
		2	有安全库存设置，并被执行
		3	有明确限高标识，仓库环境适合物品存放
		4	台账清晰，已经运用软件管理物料

2. 整顿稽核表

项次	查检项目	分值	检查状况
1	区域&划线	0	现场无明确区域划分，或区域标识已无法看清
		1	以“红黄蓝绿”安全色为基础，不同区域有明确的颜色标识
		2	运用“虎纹色”强化提醒，划线颜色及线宽有明确规定
		3	区域有醒目标识牌，物品按区域摆放；不同车间的划线基准一致
		4	划线标识清晰、明亮、无破损，物品状态清晰明了
2	工具	0	工具杂乱，不知能否使用
		1	工具随意摆放，难以识别
		2	工具已经分类，不常用工具已归入仓库
		3	工具保养良好，有定位位置
		4	使用工具就在身边，且已进行形迹管理

续表

项次	查检项目	分值	检查状况
3	物料架	0	有零件散落在地上
		1	物料架用途有明确规定
		2	每一层以及每个料框放置物品都有明确定义
		3	作业现场有明确的不合格品料框或区域
		4	账物一致，通过系统或标识可快速找到物品
4	办公室	0	文件柜、办公桌等未进行定置化管理
		1	办公桌及文件柜内放置物品已初步明确
		2	办公区域进行了合理规划，区域有相应的物品清单；文件夹标识有统一规定
		3	办公桌面及抽屉物品有序摆放，清爽干净；电脑公共盘文件已按“文件树”（根目录到细分目录再到具体文件）存放文件
		4	办公室内采用了恰当的划线标识基准，整体美观清爽
5	仓库	0	仓库区域标识不够清晰
		1	仓库区域有一定划线标识
		2	不同区域及特定物品有明确标识
		3	划线标识清晰明了
		4	账物一致，通过系统或标识可快速找到物品

3. 清扫稽核表

项次	查检项目	分值	检查状况
1	厂房/墙壁/空调等设施	0	墙壁、地面、玻璃等脏污严重
		1	墙壁、地面、玻璃等有轻微脏污
		2	环境较为干净，但有破损现象
		3	无破损现象，最高处、角落处也无灰尘
		4	非常洁净、明亮，员工都以这样的环境为豪
2	会议室等场所	0	杂物多，环境杂乱，灰尘积垢
		1	环境较为干净，无杂物
		2	环境干净，有明确职责人，且有明确清扫基准
		3	场所内各项设备如音响、话筒、投影仪等完好无损
		4	会议室使用后能快速恢复原有状态

续表

项次	查检项目	分值	检查状况
3	设备	0	设备有明显的生锈、脏污、漏水或漏油现象
		1	设备很干净，但个别地方破损或有漏油现象
		2	有完善的点检表，且已严格执行
		3	无跑冒滴漏现象，设备周边干净整洁
		4	轴见光、沟见底、设备见本色
4	办公室	0	文件柜内或角落处有异味
		1	场所内无异味，但地面、墙面、柜台、玻璃有脏污现象
		2	无明显脏污现象，但场所内管路或线路有杂乱现象
		3	场所内明亮整洁，打印机、茶水机等完好无损
		4	办公场所干净整洁，环境宜人
5	仓库	0	地面墙面玻璃等有明显脏污现象
		1	地面墙面玻璃等有轻微脏污现象
		2	整体环境尚可，但硬件设施有问题
		3	整体环境尚可，硬件设施完好无损
		4	仓库有清扫基准，且严格执行，整体环境整洁有序

附2

6S的60条知识点

1 6S源自哪里?

日本。

2 6S是指哪6S?

整理、整顿、清扫、清洁、素养、安全。

3 5S与6S有什么区别?

无本质区别。6S将安全单独罗列出来，强调安全的管理。

4 有企业推行7S、8S管理，是不是S越多越好?

S不在于多，在于做精。

5 16S是指什么?

整理、整顿、清扫、清洁、素养、安全、节约、速度、坚持、销售、服务、技能、习惯化、标准化、学习、满意。

6 6S的每个S含义是什么?

整理：留下必要品；整顿：对必要品进行定置化；清扫：环境清扫与点检问题；清洁：制度化规范化；素养：养成习惯；安全：管控危险源并对员工教育。

7 清洁是指制度化规范化，为何不称之为“制度或规范”?

清洁是保持清洁的含义。

8 6S的推动者为什么需要做事细致、较真的人?

细致、较真是推进精细化管理的必要元素，6S活动推进中需要“细致、较真”的品质。

9 6S管理对日本产生了怎样的影响?

原先日本产品也是以“粗糙、低劣”闻名，通过6S（日本称5S管理）及其他管理活动，产品一跃成为“精致、高雅”的代名词。

10 6S有没有顺序?

有一定的顺序性。

11 6S对员工有什么好处?

学到6S知识；提升职业素养；潜在的福利及职场机会。

12 推进6S时，如何让员工更支持与配合?

让员工有所学，有所成长。没有人拒绝学习及成长。

13 推进6S最重要是什么?

掌握6S的知识与方法。

14 为什么6S知识那么重要?

知识使人通晓道理，不会蛮干，尊重员工，并能调动员工积极性。

15 推进的最大阻力可能来自哪里?

①企业利益与员工利益不一致；②中层人员的消极。

16 为什么人员会有消极的想法?

①念旧；②安于现状；③阴影；④因反对人而反对事；

⑤缺少问题意识；⑥缺乏对改善的认识；⑦缺乏改善的技巧。

17 6S是精益生产内容吗?

是。

18 为什么说6S是精益生产的试金石?

6S都做不好，精益生产就是空中楼阁。

19 整理的三清原则是什么?

清理、清除、清爽。

20 整顿的三定原则是什么?

定点、定容、定量。

21 清扫的三扫原则是什么?

扫黑、扫漏、扫怪。

22 清洁的三持原则是什么?

维持、保持、坚持。

23 素养的三守原则是什么？

守时间、守纪律、守标准。

24 安全的两大法则是什么？

墨菲定律与海因里希法则。

25 安全色四种是指什么？

红黄蓝绿。

26 为什么看到的通道线以黄色居多？

黄色表示警示，黄色为三原色之一，且明亮度最高。

27 虎纹线有什么含义？

特别提醒，防止磕碰。

28 开门线有什么意义？

①警示门口不要放物品；②警示人不要站于门后；③提升美观。

29 六源改善中的六源是指什么？

污染源、危险源、缺陷源、浪费源、故障源、清扫困难源。

30 七不放过是指什么?

①找不到问题的根源不放过；②找不到问题的责任人不放过；③找不到问题的解决办法不放过；④改进方法落实不到位不放过；⑤问题责任人和员工没有受到教育不放过；⑥没有长期的改进措施不放过；⑦没有建立档案不放过。

31 七大浪费是指什么?

搬运浪费、库存浪费、动作浪费、等待浪费、过度加工、过度生产、不良浪费。

32 七个零是指什么?

零切换、零库存、零浪费、零不良、零故障、零停滞、零事故。

33 三现主义是指什么?

现场、现物、现实。

34 什么是油漆大战?

用油漆进行划线，使现场转变。

35 什么是红牌作战?

用设计打印好的红色标贴贴在问题点上，促进改善。红牌越多，问题越多。

36 什么是形迹管理?

也叫影子管理，即根据物品的形状或影子划线进行定置化管理。

37 什么是工具箱大献宝?

将工具箱内的“不要品”献出来，属于第一个S整理的工作。

38 什么是抽屉法则?

即全部腾空出来，再进行整理的动作。

39 什么是定点摄影?

对着同一地点进行拍摄。

40 什么是改善写真?

将改善前后的图片对比并展示出来。

41 五常法是指什么?

我国香港地区对5S的称呼，即常整理、常整顿、常清扫、常清洁、常自律。

42 什么是可视化管理?

也称为走动管理，只要人员走动，只要睁开眼看，信息就会以色彩、文字、图片等形式传递，给予警示、提示、教育以及温馨的感觉，这些信息运用于工作中，久而久之，人的知识、技能、素养会得到一定的提升。

43 可视化管理的价值是什么?

传递信息、培育文化、提升美感。

44 可视化管理的注意点是什么?

统一、简约、鲜明、实用、严谨。

45 安全可视化追求“一步惊心”是指什么?

从可视化中受到触发，不敢越雷池一步。

46 服务业的5S理念是什么?

微笑（Smile）、迅速（Speed）、诚实（Sincerity）、灵

巧（Smart）、研究（Study）。

47 6S在职场中有什么运用价值?

学习运用6S知识可以使职场人士①做事更有条理；②做事更加迅速；③自身更有素养与礼节；④人际交往更加顺畅；⑤容易获得快乐及升职机会。

48 推进6S的常见借口是什么?

我们已经做得很好了；我们实在太忙；这个不适合我们公司；领导不感兴趣；那是不可能的；没有预算；超出了权限；这不是我的工作；我们还没准备好；以前做过，不行；研究研究。

49 6S推进时，是不是奖励越多越好?

不是。要防止对奖励的过度依赖。

50 如何防止“一紧二松三垮台四重来”?

应注意以下八项工作：

人的提升	●自始至终将人的提升作为工作重点
机制化	●如划线基准、区域责任表、稽核、6S手册等
活动长期化	●某项活动长期化坚持，坚持久了，就是习惯
6S协调员	●任用认真负责的6S协调员，有一定美学概念
成果固化	●以成果为基准，张贴于区域，供遵守
做好规划	●每年年底对第二年的6S工作要有所规划
外界肯定	●客户等外界肯定，对员工心灵是极大的抚慰
持续改善	●使企业一直处于浓浓的改善氛围中

此八项工作改编于第二章第四小节中的“6S推进十点注意”

51 整理整顿的口诀是什么？

有物必分类，有类必标识；有物必有区，有区必挂牌。

52 清扫的口诀是什么？

一听二看三摸四闻五恢复，轴见光、沟见底，设备见本色。

53 清扫的意义是什么？

让事物本来有的优点，展示出来。

54 清洁的意义是什么?

清洁是向他人表达善意与体贴的方式。

55 为什么要强调素养?

因为自律是最低成本的管理。

56 推进6S的三个一定是什么?

一定要有标准，一定要做检查，一定要展示结果。

57 6S的四化过程是指什么?

形式化、规范化、习惯化、活性化。

58 办公室是否可以不推行6S?

不可以。办公6S搞不好，车间6S就无法长久坚持。

59 6S理论如何用于电脑文件的文件?

整理：去除过时无用的文件；整顿：文件命名特征化，便于查找；清扫：定期归档文件，定期清除垃圾；清洁：形成整理以及文件归类的规则；素养：养成习惯，分享心得；安全：文件备份及保密。

60 6S到位会怎样?

条理井然、一目了然、自然而然、生机盎然。

通过6S活动，提升团队的①改善意识；②精细化管理意识；③高效执行意识。

参考文献

[1] 若松义人. 大野耐一的十条训诫[M].北京：机械工业出版社，2009

[2] 徐明达. 怎样当好班组长[M]. 北京：机械工业出版社，2009

[3] 詹姆斯·P.沃麦克. 精益思想[M]. 北京：机械工业出版社，2015

[4] 今井正明. 现场改善：低成本管理方法的常识[M]. 北京：机械工业出版社，2016

[5] 大野耐一. 丰田生产方式[M]. 北京：中国铁道出版社，2006

[6] 帕特里克·格劳普，罗伯特·J.弗罗纳. 一线主管培训TWI实施一本通[M]. 北京：机械工业出版社，2017

[7] 郭城. 培训师[M]. 北京：电子工业出版社，2011